湛庐CHEERS

与最聪明的人共同进化

HERE COMES EVERYBODY

CHEERS
湛庐

全脑教养法

[美] 丹尼尔·西格尔 Daniel J. Siegel
[美] 蒂娜·佩恩·布赖森 Tina Payne Bryson 著

周玥 李硕 译

THE WHOLE-BRAIN CHILD

浙江科学技术出版社·杭州

测一测

你知道如何拓展孩子的思维吗?

扫码加入书架
领取阅读激励

扫码获取全部测试题及答案
一起了解如何把“生存时刻”
变成“成长时刻”

- 记忆像是一个复印机，当你唤起时，脑海里将精准再现过去发生的事件，这是对的吗?

  A. 对

  B. 错

- 大脑的物理结构会根据我们注意力的指向发生改变吗?

  A. 会

  B. 不会

- 设置清晰的边界是重要的，所以父母应经常直接对孩子说:“不准。”这是对的吗?

  A. 对

  B. 错

扫描左侧二维码查看本书更多测试题

Daniel J. Siegel

融合心理学、脑科学与网络科学的先锋

丹尼尔·西格尔

他，创造了一个概念；
他，创立了一个学科；
他，信奉“整合是王道”；
他，以传播科学教养观为己任。

备受谷歌、微软推崇的人际神经生物学创立者

丹尼尔·西格尔毕业于哈佛大学医学院，是加州大学洛杉矶分校精神病学临床教授。他历时 25 年，通过对数千个案例的研究，创立了一门新的学科——人际神经生物学（interpersonal neurobiology），这门学科的研究重点是人际关系与大脑的密切关系。

西格尔不仅是一位专业的学者，也是一位多产的作家，更是一位备受赞誉的教育家。他在人际神经生物学领域出版了多本专著，还受邀四处演讲。他的研究成果被美国司法部、微软和谷歌等世界各地的机构及企业所采用。近年来，西格尔也将自己最新的研究理念传播给大众，他的畅销书《第七感》向读者展现了经过整合的大脑的强大力量。他还将“整合”概念引入教养领域，其著作《由内而外的教养》和《全脑教养法》使更多父母认识到“整合的大脑”在教养中的积极作用。

丹尼尔·西格尔（Daniel J.Siegel）对话婚姻专家约翰·戈特曼（John Gottman）和朱莉·戈特曼（Julie Gottman）（从左至右）

“情商之父”给予盛赞的脑科学家

西格尔是正念觉知研究中心（Mindful Awareness Research Center）联席主任，也是第七感[①]研究所的（Mindsight Institute）创始人。第七感研究所是一个教育组织，提供在线教育课程，帮助个人、家庭和组织通过评估人际关系来提升第七感。

第七感是发展情商的最基本技巧，分为洞察（insight）、共情（empathy）、整合（integration）三个部分。第七感能让我们体会到和分享自己内在的心理能量及信息流动，也有助于我们感知自己的思想、情绪和记忆，并帮助我们产生强大的心理力量来改变这种流动，从而摆脱根深蒂固的行为以及习惯性的反应，远离可能会导致自己陷入其中的消极情绪循环。形成第七感的过程就叫整合。

西格尔独创的里程碑式概念“第七感”备受“情商之父”丹尼尔·戈尔曼（Daniel Goleman）推崇。戈尔曼不但将第七感理论誉为“情商与社交商的基础”，还赋予了它更高的地位：“第七感堪与弗洛伊德的潜意识理论、达尔文的进化论齐名。在身、心与大脑整合方面，西格尔成果卓著，无人能出其右。”

① “第七感”是丹尼尔·西格尔自创的概念，它是指对自己和他人心智的感知和理解。——编者注

帮助父母实现圆满自我的“全脑教养专家”

家庭教育是西格尔的理论得以完美应用的一个重要领域。西格尔认为，想做好父母，必须先认识自己，认识到自己生命和生活的意义，深入了解自己的经历；尤其是童年时与养育者之间的互动，才能与孩子建立安全的依恋关系。这就是“由内而外的教养”，这个观点也贯穿于他所写的每一本与教养有关的书中。

西格尔基于对大脑结构及其运作机制的研究，提出了实用性极强的“全脑教养法”——针对各年龄段孩子提出全脑教养实践指南，以帮助父母破解种种育儿难题。他将第七感所涉及的整合理念运用到了解和帮助青少年成长的教育实践中，这非常值得家有青少年的父母借鉴和学习。

“父母就是塑造孩子大脑的雕塑师，
你对孩子的所有陪伴
无时无刻不在改变着他的大脑。”

TINA PAYNE BRYSON

蒂娜·佩恩·布赖森

- 南加利福尼亚大学博士
- 第七感研究所主任
- 儿童与青少年心理治疗师
- 执业临床社会工作者

蒂娜·佩恩·布赖森毕业于南加利福尼亚大学，是儿童与青少年心理治疗师、执业临床社会工作者，致力于儿童教育及发展事业。她为来自世界各地的家长、教育工作者、治疗师开展讲座和指导活动，拥有丰富的儿童心理治疗及家长咨询经验。

布赖森博士非常擅长将她在育儿理论方面的专业知识与实际的养育场景联系起来，然后以清晰、幽默且有效的方式展现给广大父母。

正如她所说："对于父母、临床医生和教育工作者来说，了解一些关于大脑工作方式的知识有着神奇的作用。它不仅能帮助你引导孩子遵守纪律、正确应对困难，更能让你与孩子建立健康、和谐的关系。"

西格尔全脑教养系列

整合的大脑，幸福的人生

现代社会中，养育孩子既会让人兴奋，也会让人深受挑战。无论在哪种文化背景下，孩子的成长过程都会受到父母、同龄人、老师以及他们所处环境的影响。我们做了大量研究后发现，孩子成长中的任何经历都会塑造他的大脑。所以，无论你是家长、其他抚养者，还是与孩子成长息息相关的老师、教练，都处在一个至关重要的位置上，都对孩子的发展负有重大责任。值得高兴的是，我们已从大量的科学研究中准确掌握了如何正确引导孩子成长的方法。

大脑是可塑的

成年人与孩子交流的方式在很大程度上决定了孩子会成长为什么样的人。这背后的原理是，人与人之间建立关系的过程就是一个能量传递的过程。我们可以简单地称之为沟通。当我们沟通时，我们关注的是对话，关注的是如何赋予对话信息和意义。

大脑有一个简单的运行原理，每个人都有，了解它会让你从中获益，那就是：

注意力在哪儿，神经元就在哪儿放电，神经联结就在哪儿生长。

注意力的流动引导着能量和信息的流动。从人际关系角度来看，这涉及我们如何相互沟通。在亲子关系中，我们将健康的沟通模式称为安全依恋。当特定沟通模式开启时，大脑相应的区域被激活——又叫神经元放电。当神经元反复放电时，新的神经元联结也就随之建立，而且是以一种科学的方式建立，这就是神经可塑性。

简单地说，成年人就是孩子大脑的雕塑师，在建立并完善亲子关系的同时，我们也在塑造孩子大脑的结构和功能。

全脑教养法建立在这些基本概念之上，我们还对它进行了具体的扩展。例如，如何通过父母与孩子的互动方式，让孩子的大脑得到最优发展？怎样才算最优发展？在我们回顾了数千项跨文化、跨学科的研究成果之后，发现了一个虽出人意料但却频繁出现的答案——大脑整合。一个整合的大脑能给人带来健康与幸福。

整合意味着让不同的部分协同工作。大脑分为不同的区域，如左脑和右脑，上层脑和下层脑，它们之间相互连接。当它们连接在一起时，各区域都能各司其职。但当把它们整合起来时，就不仅仅是功能的叠加，而是协同作用的产生，实现了整体功能大于各部分功能总和。协同作用发生时，我们会体会到和谐，就像在大合唱时，每个人都在以一种流畅又有活力的方式歌唱。

我们所说的健康的、有韧性的人就是拥有灵活性和适应性的人。幸福健康的人生与大脑的整合有关。

全脑教养五维整合

如何帮助孩子创造整合的大脑？在《全脑教养法》中，我和我的同事蒂娜·佩恩·布赖森博士提出了一个简单而有效的策略——在生活中帮助孩子整合大脑，我们称之为全脑教养法。它会帮助你了解什么样的互动方式最有可能让大脑以一种整合的方式生长。由此，我们设计了全脑教养12法，旨在帮助你促进孩子健康和幸福。

全脑教养法包括五个维度的整合。

第一个维度是整合左右脑。右脑是情绪的直接来源，负责非语言交流，包括面部表情和眼神交流，说话的语气，身体姿势和手势，以及回应的时间点和强度。右脑还是我们自传式记忆的储存地。相比之下，左脑的思维方式则是逻辑化的、线性的、语言的。两者都很重要，也非常不同。

第二个维度是整合上下脑。从进化角度看，上层脑相对高级，下层脑相对原始。当我们遇到危险时下层脑的应激反应会被触发，我们会变得封闭，不愿意沟通与合作。学会如何与处在防御式状态中的孩子建立联结对父母来说非常重要。有时仅仅需要父母对所发生在孩子身上的事情感同身受，然后再进行引导。

第三个维度是整合记忆。了解记忆的不同运作方式也是必不可少的。这能让我们明确如何更好地与孩子沟通、更理解他们，还能帮助孩子了解每种经历都是有意义的。学会运用洞察力对经历进行反思，实际上是在发展理解他人、与他人建立联结的能力。这种能力是发展社交能力和培养情商的基础。

第四个维度是整合自我。一个人在特定情况下的心理状态是由过往的记忆和当下情绪的综合作用形成的。正是因为存在不同的心理状态，我们才会拥有独特的个性。作为养育者，我们应该关注并尊重孩子的心态，然后通过特定的沟通模式教会他们理解自己的内心状态。已经有研究显示，这种深刻的自我理解能力可以强大人的心灵、促进坚韧性的发展。

第五个维度是整合自我与他人。这涉及如何建立有益的人际关系，即一个人如何在与他人联结的同时保持独特的自我。这是将“我”与“我们”联结的过程。安全型依恋是人际关系中一种健康和稳定的情感依恋模式。它揭示了一个简单而深刻的发现：当我们尊重孩子的差异，意识到孩子不能总是满足我们的期望和情感需求，让孩子保持自己的个性时，我们就可以和孩子成为一个整体，孩子也不会失去他们的独特个性，这就是整合的关系。你可以学会如何实现这一点。当你这样做以后，你将促进孩子的大脑朝着整合的方向成长。

让我们以一种简单而直接的方式再说一遍：

幸福健康的人生源自整合的大脑，而整合的大脑源自整合的关系。这就是全脑教养法的全部要义。

丹尼尔·西格尔
美国第七感研究所

心理、大脑与人际关系

能够向中国的读者朋友介绍人际神经生物学在日常生活及养育孩子方面的应用，我深感荣幸。无论你有怎样的背景和经历，无论你是否已为人父母，只要对人一生的发展以及培养健康的心理和良好的人际关系感兴趣，这个领域对你来说便是很有价值的。

人际神经生物学融合了各个学科的知识，以独特的视角解释什么是心理，以及如何培养健康的心理。根据人际神经生物学的观点，心理既存在于我们的身体和大脑中，也存在于我们的人际关系中。在《人际关系与大脑的奥秘》（*The Developing Mind*）一书中，我总结了这种观点。

我的三部作品均论述了人际神经生物学在实际中的运用。《第七感》展示了如何运用整合的概念发展健康的心理，分析了一些有代表性的真实案例，还给出了集中注意力的有效方法。集中注意力会改变大脑的运作方式甚至结构。通过整合注意力，我们可以在大脑、健康和人际关系方面创造更多的整合。案例主人公年龄各异，人生经历也千差万别，但都揭示了如何运用整合创造更健康的生活。

在我与玛丽·哈策尔合著的《由内而外的教养》一书中，我们指导读者理解自己的生活。科学研究发现，通过观察一个人如何反思自己的童年以及成年后如何看待童年经历，能够很好地预测他的孩子能否健康成长。基于这一发现，我们在这本书中为读者提供了切实可行的方案，帮助读者检验自己的记忆体系及情绪运作方式，并且理解讲述故事的过程如何塑造了人生。这本书能够让父母加深对自己的了解，从而与孩子建立牢固可靠的亲子关系，帮助孩子茁壮成长。

我与蒂娜·佩恩·布赖森合著的《全脑教养法》，展示了《第七感》中揭示的科学知识与整合步骤，以及《由内而外的教养》中倡导的自我理解及如何帮助孩子发展整合的生活。整合包括联结左右脑及上下脑。整合还涉及我们如何理解自己的经历，并通过给孩子讲述我们的人生故事来传递这种理解。另外，自我由很多“部分”组成，整合不同的部分意味着我们能了解真实的多重自我。例如，第 5 章有“觉知环”的练习，它能够让孩子学会检视自己的心理运作方式，使其更灵活地运作。这是发展第七感的基础，即理解并整合自我及他人心理的基础。

这三本书基于人际神经生物学，为读者提供了可行的方法，帮助读者培养内在的幸福以及健康的人际关系，使个人和家庭保持活力与健康。享受阅读与收获之乐吧！

Daniel J Siegel

丹尼尔·西格尔

“生存式教育”，还是“发展式教育”

你也有过这样的日子吧？一个囫囵觉都睡不成；孩子的鞋子上全是泥，新外套蹭上了花生酱；每次做功课都像打仗，还把橡皮泥糊在计算机键盘上，指着弟弟喋喋不休地说“是他先干的”……你一秒一秒地数着时间，只盼天黑，好把小祖宗们送上床。那些日子里，当你不得不一而再、再而三地把葡萄干从孩子的鼻孔里抠出来时，你的最高期望似乎也就是“能生存就行了”。

不过，说到孩子，你的真实目标肯定要比“满足生存需要”高多了。作为父母，你将终极目标定为把孩子培养成享有绚烂生命、具有无限发展能力的人。你希望他们拥有有意义的人际关系，关心他人，富有同情心，学业优秀，工作努力，并且有责任感，知足常乐。这就是我们所说的“生存式教育”与“发展式教育”。

多年来，我们访问过数千对父母。当问到他们最看重什么时，有两类目标总是排在前面：成为合格的父母，希望孩子拥有无限发展的能力。作为父母，我们也对自己的家庭有着同样的期望。在我们平静、清醒之时，确实思考过应该如何培养孩子的心智，增强他们的好奇心，帮助他们在生活的各个方面开发潜能。但是，在那些狂乱、紧张、“把小家伙哄上床，然后飞车去看球赛”的时刻，我们只希望自己不要尖叫、失态，或者听到孩子们对我们说“你真讨厌”。

把“生存时刻”变成“成长时刻”

花一点儿时间问问自己：你想让孩子成长为什么样的人？你希望他们成年之后具有什么样的品质？你很可能希望他们快乐、独立并获得成功；希望他们拥有良好的人际关系，过上有意义、有目标的充实生活。现在想一想，你有多少时间是在有意识地培养孩子的这些品质？你很可能像大多数父母一样，担心自己有太多的时间在得过且过，而没有为孩子创造丰富的体验，帮助他们充分发展。

你可能还会拿自己跟所谓的“完美父母”比较——他们似乎从来不用为孩子的问题挣扎，而且似乎每时每刻都在帮助孩子成长。据说家长教师协会的主席能够一边烹饪营养均衡的有机食品，一边用拉丁文给孩子讲助人为乐的故事；或者一边开着车、听着古典音乐送孩子去艺术博物馆，一边还会在空调通风口洒上薰衣草精油进行芳香疗法。似乎没有人比得上这种虚构的超级父母，特别是当大部分时间都花在为“生存”而努力上时。我们只会在生日聚会快结束时怒目圆睁、满面通红地咆哮：“如果再吵着嚷着要这要那，谁都别想拿到礼物！”

如果上面的道理你已经明白了，那还有一个好消息要告诉你：那些让你奋力挣扎的“生存”时刻正是你教孩子获得发展能力的好机会。有时你可能会觉得，充满爱意的重要时刻（比如关于同情心和品德的有意义的谈话）与养育中的困难时刻（比如强迫孩子做家庭作业或给他收拾烂摊子）是截然不同的两回事，但事实并非如此。孩子对你没礼貌或跟你顶嘴、被学校“请家长”……这些毫无疑问都是所谓的“生存时刻”，但同时也是机会——只要采取恰当的教育方式，“生存时刻”同样也是“成长时刻”。

想一想某个经常让你很难熬的场景，比如在不到三分钟的时间里孩子们第三次打起来了（不难想象吧）。你能做的不仅是把这群厮杀的小兄弟拉开，并且挨个儿关进不同的房间，你还可以将这场混战转变为一次教育的机会：教会他们“印证式倾听”[①]，用心了解他人的观点；教会他们清晰并礼貌地表达自己的愿望；教会他们根据具体情况做出适当的妥协和牺牲，学着原谅伤害过自己的人。我们知道这听起来似乎难以置信，尤其是在那个着急上火的时刻。但是如果你对孩子的情感需求和精神状态多一些了解，你就能获得积极的成果，完全用不着请“联合国维和部队”帮忙！

孩子们打架时把他们分开并没有错，这是很好的“生存式教育”技巧，在某些情况下也许还是最好的办法。但是我们能做的不仅仅是制止冲突和争吵，还应该把这一经历转化为发展孩子们的大脑、人际交往技巧和个性的体验。多加练习之后，孩子们都能得到成长，并且会学着自己处理冲突，而这只是你帮助他们获得无限发展能力的方式之一而已。

---

① 印证式倾听（reflective listening）：指听者必须试着了解对方的感觉和想法，然后用自己的话把对方的意图表达出来并向对方求证。——译者注

将“生存式教育”与“发展式教育”相结合的可贵之处在于，你不需要专门花时间来帮助孩子茁壮成长。你可以利用一切亲子共享的互动时刻，不论是紧张、愤怒的时刻，还是不可思议的、温暖的时刻，让孩子变成你期望中的有责任感、关心他人、有能力的人。本书针对在教育和学术研究中存在的过分强调不顾一切获取成就和完美的倾向，开出了一剂解药。怎样让孩子做自己、自由自在、更加灵活并更有活力呢？答案很简单：了解一些大脑的基础知识。这就是《全脑教养法》的主旨。

“全脑”养育指南

本书从“为人父母”的视角出发，但所讨论的内容对任何抚养、照顾孩子的人都适用。虽然很多内容也适用于十几岁的青少年，但其重点关注的是 0 ~ 12 岁的儿童，包括幼儿、学龄儿童和少年。

第 1 章介绍了儿童思维的发展方式，并引入了关于儿童思维拓展的核心概念——整合。第 2 章着重讲述了怎样帮助孩子整合左脑和右脑，让孩子能够与自己的逻辑自我和情感自我产生联结。第 3 章强调在代表本能的“下层脑”与代表思辨的“上层脑”之间建立联结的重要性，这种联结对发展孩子的决策能力、洞察力、同情心和道德感至关重要。

第 4 章解释了如何帮助孩子处理过去的痛苦回忆，即将“理解之光”洒向过去，以一种温柔、清醒、有意识的方式表达痛苦。第 5 章帮助你培养孩子反思自己心理状态的能力。具备了这种能力，他们就能够自主决定如何感受世界，以及如何对世界做出反应。第 6 章重点介绍了一些方法，教孩子在保持独立自我的同时与他人建立联结，从而获得幸福与成就。

在对儿童思维拓展的各个方面有了清晰的了解之后，你将从一个全新的视角来看待“养育”。作为父母，我们应保护孩子不受任何伤害，但其实根本做不到。他们会摔倒，会经受感情创伤，会受到惊吓，会悲痛，也会愤怒。事实上，正是这些艰难的经历促使他们成长并认识这个世界。与其极力庇护他们免遭生活中不可避免的挫折，不如帮助他们将这些经验整合进对世界的理解之中，并能从中得到收获。孩子如何理解他们年轻的生命，不仅取决于发生的事情，还取决于父母、老师如何应对这些事情。

考虑到这一点，我们的首要目标就是给出具体的方法，尽量让这本书切实可用，从而让你的养育之路更加轻松，让你跟孩子的关系更加有意义。书中的“全脑教养指南”专栏详细地阐释了如何应用本书介绍的科学概念，并提供了一些案例。

此外，书中还有以漫画形式呈现的“全脑儿童”专栏，帮助你向孩子传授这一章所涵盖的基础知识。跟孩子谈论大脑也许听起来很奇怪，但即使是四五岁的孩子，也可以理解有关大脑工作方式的一些重要概念，从而用一种新的、更深刻的方式理解自己，理解自己的行为和感受。这些知识不仅对孩子非常有用，对想以一种让自己和孩子都感觉更好的方式来教导、训练和关爱孩子的父母来说也非常有用。这部分内容，你可以念给孩子听，并根据孩子的具体情况灵活使用。

本书大部分内容都聚焦于孩子的生活和亲子之间的联结。在孩子的成长过程中，他们的大脑可以说是父母大脑的“镜像”。换句话说，父母自己的成长和发展、停滞和衰退，都会影响孩子的大脑。当父母变得更加明智、情感更加健康时，孩子也会从中受益，越来越健康。整合和培育你自己的大脑，是你能给予孩子最富爱意和最慷慨的礼物。

另外，附录A中的“全脑教养12法”简明扼要地总结了本书中最重要的观点。你可以把这几页复印下来贴在冰箱上，让每位家庭成员和你一起为孩子的健康成长努力。附录B中的“各年龄段儿童全脑教养指南”也能为你提供简便的操作指南。

希望你能体会到，在本书的写作过程中，我们时刻考虑着你的感受，尽力让本书通俗易懂。既是科学研究者又是父母的我们，在注重清晰、实用和简便易行的同时，竭尽全力地给你最新、最重要的信息。

感谢你和我们一起走过这段旅程，它将使你的孩子变得更幸福、更健康、更完善。了解了大脑的运作方式，你将更懂得应该教给孩子什么以及怎样教。你教给他们的将不再只是生存之道。通过不断地帮助孩子整合大脑，你在日常生活中面临的教育危机将会越来越少。不仅如此，对整合的理解能够让你更深刻地了解孩子，更从容地面对困境，更有意识地构筑爱与幸福的基础。因此，不仅孩子（不论现在还是未来）会生活得更好，你的整个家庭都会获得无限的发展。

目录

全脑教养法可以帮助孩子发展强大而灵活的“我”，但孩子更需要了解成为“我们”当中的一分子的重要意义。保持独特的自我认知，并发展共情力，能让孩子建立良好的人际关系，并从中体验到温暖、联结和安全感。

THE WHOLE-BRAIN CHILD

1

全方位了解儿童思维的发展方式

帮孩子整合大脑

育儿过程中，富有挑战性的时刻，往往出现在孩子的大脑处于分裂状态时。整合就是让大脑协调运作。父母为孩子提供的经历、体验能帮助他们整合大脑，使他们避免混乱与刻板，保持心理健康。最终，孩子的情感、才智和社交能力都会得到很大的发展。

父母一般都对孩子的身体了如指掌，他们知道体温高于37℃意味着发热；知道孩子受伤时要及时清理伤口，防止感染；知道哪些食物会让孩子直到睡觉前还兴奋不已。

然而，即使最有爱心、最有知识的父母往往也缺乏儿童大脑方面的常识。这难道不奇怪吗？更何况大脑几乎在孩子生活中所有重要的方面都发挥着核心作用，如遵守纪律、制定决策、培养自我意识、提高学习能力、发展人际关系等。事实上，大脑几乎决定了我们是谁以及我们会做什么。值得注意的是，由于孩子的大脑是由父母带给他们的经历和感受所塑造的，所以了解养育孩子的方式如何影响孩子大脑的发育，可以帮助我们培养一个健康、快乐的孩子。

我们试图为你展现一个全新的视角，讲解一些关于大脑的基本概念，帮助你更加简单有效地培育孩子，使艰辛的育儿之路变得平坦且充满欢乐。虽然我们不能帮你解决所有养育孩子的难题，但是了解几个易于掌握的基本原则，你可以更好地理解孩子，增强孩子应对困境的能力，使他们更好地适应社会，为孩子的情感与心理健康发展打下基础。我们将复杂的脑科学知识以简明、易懂的方式展现出来，帮助你更好地塑造孩子的大脑，为他带来一生的幸福。

复述故事

玛丽在上班的时候接到电话，得知2岁的儿子马可和保姆出了车祸。马可没事，但保姆被救护车送进了医院。

玛丽疯了似的赶到事故现场，原来是保姆开车时突然癫痫发作，导致了车祸的发生。一名消防队员在安慰她的小宝贝，但是没什么用。她走上前去把马可抱在怀里，马可立刻安静了。

马可一停止哭泣就跟妈妈讲述了事情的经过。他用2岁儿童的语言——只有父母和保姆听得懂的语言，不断地重复着“咿呀呜呜”。“咿呀”指的是“索菲亚”，他亲爱的保姆的名字；“呜呜”指救护车。马可反复向妈妈念着“咿呀呜呜”，强调一件对他来说最重要的事情：索菲亚被带走了。

在这种情况下，很多父母会对孩子说：“索菲亚不会有事的！”他们安慰孩子之后就会试图转移孩子的注意力：“我们去买冰激凌吧！”接下来的几天，他们会尽量回避讨论这次事故，以免让孩子觉得难受。像“我们去买冰激凌吧”这种做法带来的问题是，孩子会困惑于到底发生了什么以及为什么会发生，他还深陷在强烈的惊慌情绪中，却没有人告诉他，也没有人帮助他采取一些有效的方法来处理这种情绪。

玛丽没有犯这样的错误，她上过蒂娜关于儿童思维拓展的课程并能学以致用。当天晚上和接下来的几周，马可还会时不时地回想起车祸的场景，这时玛丽就会帮助他一遍又一遍地复述这个故事。

她对马可说："你和索菲亚出车祸了，是吗？"马可就会摇晃两条胳膊，学索菲亚病发的情形。然后玛丽继续说："是的，索菲亚生病了，她开始晃来晃去，然后两辆汽车就撞到一起了，对吗？"马可接下来的反应当然是熟悉的"咿呀呜呜"，玛丽就会跟着重复："对了！'呜呜'来了，它把索菲亚带去看医生了。现在她已经好多了，我们昨天还去看过她，对不对？"

通过让马可复述故事，玛丽帮助他了解了发生的事情，并处理了自己的情绪。玛丽知道，帮助儿童的大脑处理可怕的经历很重要，所以她帮助儿子一遍遍地复述故事。这种方式消除了马可的恐惧，使他可以继续过平静的生活。接下来的几天，马可提起这次事故的次数越来越少，虽然对他来说它仍然很重要，但最终这次事故变成了一种生活经历。

读了接下来的内容，你就会明白玛丽为什么要这样做，也会明白为什么这样做对孩子很有帮助，无论是从实际生活还是神经学角度来说都是如此。你可以在很多地方运用这些新知识，把你的孩子培养得更加听话、更加出色。

整合是玛丽处理方法的核心，也是本书的核心概念。对整合的清晰认识会给你力量，彻底改变你培养孩子过程中的思维方式，使你更加欣赏孩子，并为他们将来情感充沛而富有意义的生活打下更好的基础。

整合大脑

很多人都没有意识到我们的大脑分为很多部分，这些部分各具功能。举例来说，左脑帮助你进行逻辑思考并把思考走过程组织成句子，而右脑可以帮助你体验情感和解读非言语信息。“爬行动物脑”让你做出本能的行为和生死抉择，而“哺乳动物脑”引导你走向人际关系。大脑中有一块区域专门处理记忆，还有一块区域负责做出道德和伦理方面的决定。几乎可以说，大脑有多重人格——有理性的，有非理性的；有深思熟虑后的反应，也有本能反应。难怪我们在不同的时候表现得甚至不像同一个人！

让大脑良好运行的关键是让各个部分协同运作，也就是整合。整合需要大脑的不同部分作为一个整体运作，就像虽然身体的不同器官执行不同的功能，比如肺主呼吸、心脏提供血液、胃负责消化，但是为了健康，这些器官要一起工作。换句话说，它们既需要各自单独执行任务，又需要团结成一个整体。整合很简单，就是连接不同的“零件”，使之成为一个运转状况良好的“机器”。同健康的身体一样，只有各个部分协调运作，大脑才能良好运转。

大脑整合

指大脑的不同分区协调运作，是大脑良好运行的关键。整合包括横向整合（左脑和右脑的整合）和纵向整合（上层脑和下层脑的整合）。

孩子的大脑没有整合的时候，其表现是非常明显的，情绪让他们不堪重负、困惑、混乱、暴躁不安、不能处理手头的情况、崩溃甚至攻击他人，很多家长在养育孩子的过程中都有过这些经历，原因就是孩子的大脑缺乏整合，也称作分裂。

我们要帮助孩子整合大脑，这样他们就可

以协调发挥大脑的功能。例如，如果孩子的大脑横向整合得很好，左脑就可以和右脑协调运作——左脑负责逻辑，右脑负责情感；如果纵向整合得很好，上层脑就可以和下层脑协调运作——上层脑让孩子三思而行，下层脑则与冲动、直觉和求生本能有关。

很多人没有意识到，整合发挥的作用是令人称奇的。近年来，科学家们发展了脑部扫描技术，研究人员正在用前所未有的方法研究大脑。这项新技术证实了很多我们对大脑的已有认知。除此之外，还有一个撼动了神经科学基础的惊喜发现：大脑是“柔软的”，或者说是“可塑造的”。这意味着大脑的生理变化贯穿人的一生，而在此之前，我们认为大脑的变化仅仅发生在儿童阶段。

大脑的重新布线

那么是什么塑造了我们的大脑呢？体验。甚至到了老年，体验也仍然在改变大脑的生理结构。每经历一次体验，一些脑细胞，也就是神经元，就会被激活，或者说“开火”。大脑有上千亿个神经元，每一个都与其他上万个神经元相联结。哪些特定的回路被激活，决定了我们的心理活动有怎样的特质，这包括从感知形象和声音到更抽象的思维及推理等多个方面。若神经元一起被激活，就能开拓出彼此间的新联结。久而久之，神经元激活的结果就是大脑“重新布线”。

这个消息简直令人难以置信，这意味着大脑的工作方式并不会一成不变，我们可以开拓新的大脑回路，可以更加幸福快乐。不仅仅对儿童和青少年来说，对正在跨越生命不同阶段的每个人来说，这都是真实可信的。

现在，孩子的大脑正在不断地“布线”和“重新布线”，你给孩子的体验经过漫长的过程，最终重塑了孩子的大脑结构。这听起来很有压力，对不对？别紧张，只要给予适当的食物、睡眠和刺激，大脑天生的基础结构就会发育得很好。基因对人的外在形象和气质有重要影响。但是发展心理学多个领域的研究结果都表明，我们周围发生的一切，包括听的音乐、爱的人、读的书、接受的训练、感受的情绪，都深深地影响着大脑的发展。换句话说，父母大有可为，他们所提供的体验可以为孩子塑造灵活的、整合良好的大脑。

大脑可塑性

父母为孩子提供的经历可以直接塑造孩子正在生长的大脑。生活中发生的一切，都会影响大脑发育的方式。

举例来说，如果父母经常与孩子讨论他们的经历，孩子对这些经历就能够记得更清楚，也会具备更高的情商，并且更能理解自己与他人的感受。对于害羞的孩子，如果父母支持并鼓励他们去探索世界，其勇气就能得到培养，压抑情感的行为就会减少。反之，过度保护或者不顾孩子的感受强行将其推入焦虑的情境之中，并且不给予支持，往往会令孩子依旧害羞。

儿童发展研究有这样一种观点，即父母为孩子提供的体验可以直接塑造孩子正在生长的大脑。神经可塑性领域的新发现同样支持这一观点。举例来说，连续几个小时盯着屏幕玩电子游戏、看电视、发短信，会以某种特定的方式给大脑布线；教育活动、体育运动、音乐等艺术形式则以另一种方式给大脑布线；和家人、朋友待在一起，参与人际关系，尤其是面对面的互动，又是另外一种布线方式。也就是说，生活中发生的一切都会影响大脑发育的方式。

布线和重新布线的过程，就是整合的过程，即让孩子的体验创造大脑各个部分间的联结。若各部分协调运作，它们就会创建并加固彼此间的整合纤维。这样，联结会更加牢固，大脑运作会更加和谐，这好比合唱团中的歌手可以用不同的嗓音唱出协调的和声，那是任何一个人都无法单独完成的。整合之后的大脑功能远比整合之前多得多。

这就是我们想为每个孩子做的事情：帮助他们整合大脑，充分开发他们的智力。这也正是玛丽为马可做的，她帮助马可一遍遍地复述故事（“咿呀呜呜”），化解他右脑的恐惧和痛苦，使他摆脱情绪的控制。同时，这样做也是从马可的左脑提取事实的细节和逻辑——左脑在孩子 2 岁的时候刚刚开始发育，让他能用一种自己能够理解的方式来看待那次事故。

如果没有玛丽帮助马可讲述并理解这个事故，马可的恐惧就会遗留下来，将来以别的形式浮出水面。他可能会对坐车或者与父母分开产生恐惧，也可能右脑在其他方面爆发到失控的状态，使他经常发脾气。相反，通过和马可讲述故事，玛丽让他把注意力集中在事实细节和他的情绪两个方面，让他同时使用左右脑，加强了它们的联结。我们会在第 2 章更详细地讲解这个概念。通过帮助他更好地整合大脑，马可可以从恐惧与压力中逃脱，恢复到 2 岁孩子该有的状态。

让大脑慢慢发育

我们再来看一个例子。现在成年后的你还会和兄弟姐妹争着抢着去按电梯的按钮吗？当然不会。但是你的孩子会因为这类问题吵架斗嘴吗？正常情况下，他们肯定会。

为了研究这种差异背后的原因，让我们回到大脑整合这个问题上。兄弟姐妹之间的对抗和其他类似问题一样让父母觉得棘手，如发脾气、违抗命令、不做作业、违反纪律等。在接下来的章节中我们会进一步解释，这些父母每天都会遇到的挑战正是孩子的大脑缺乏整合导致的。而缺乏整合的原因很简单：时候未到。事实上，在 25 岁之前，人的大脑都不能算是发育成熟的，这是一段漫长的旅程。

所以，你必须等待孩子的大脑慢慢发育。不管孩子在学龄前是多么聪明，他都不会拥有 10 岁孩子的大脑，而且几年之内都不会。大脑成熟的速度主要受基因的影响，但是整合的程度是我们可以通过一天天的养育去影响的。

幸运的是，在平时你就可以影响孩子的大脑，使其走向整合的程度。首先，你可以寻找机会促进孩子大脑的发育。其次，你可以促成孩子大脑的整合，这样孩子大脑的不同部分就会联结得更加紧密，以有力的方式携手并进。这不是让你的孩子快快长大，而只是简单地帮助他们自己发展并整合大脑的不同区域。我们也不想让你和孩子筋疲力尽地疯狂尝试给每一次经历都赋予重要性和意义，而仅仅是希望你陪伴孩子，从而帮助他们更好地整合大脑。

最终，他们的情感、才智和社交能力都会得到很大的发展。提升决策水平、更好地控制身体和情绪、更全面地认识自我、与他人建立更稳固的关系并在学业上取得成功，这些都是整合大脑能够带来的结果。它们都源于父母为孩子提供的体验，而体验是整合和心理健康的根基。

混乱与刻板

那么儿童和成人在整合的状态下是什么样子呢？如果一个人整合得很好，他就会心理健康、生活幸福。但是这样的回答很难准确定义整合。事实上，图书馆里有很多书都写满了关于心理疾病的讨论，但很少有心理健康的定义。我首先提出了“心理健康”的定义，这一定义现已得到全世界研究人员和心理治疗师的认可。这个定义基于整合的概念，参考了对于人际关系和大脑复杂动态的理解。简单表述就是：心理健康的人有能力使自己保持在一条“幸福之河”的中央（见图 1-1）。

图 1-1　幸福之河

想象一条宁静的河流穿过乡间，它就是你的幸福之河。每当乘坐独木舟在水里安静地游荡，你就觉得自己和周围的世界融为一体了。你对自己、他人以及自己的生活都有清晰的认识，当环境改变时你可以灵活地调整，使自己保持在平静的水流中央。

不过，有时你飘飘荡荡，离河岸太近了，这就会导致两种不同的问题——取决于你靠近哪一边的河岸。一边代表着混乱，你会感到失控，不再漂浮在平静的河中央，而是陷入湍急的河水，被困惑和焦虑包围。你需要远离混乱的河岸，重新回到水流平缓的河中。

但是不要走太远，因为另一边的河岸也有危险。这是刻板的河岸，是混乱河岸的对岸。和失控相反，刻板是指人强行控制周围的每一个人和每一件事。你完全不愿意改变、妥协或与人协商。在刻板河岸附近，水流似乎是静止的，但岸边丛生的芦苇和树枝会阻碍你回到幸福之河的中央。

所以，一个极端是混乱，完全失去控制；另一个极端是刻板，有太多的控制，缺乏灵活性和适应性。我们总是在两岸间来回移动，尤其是当我们学着做父母的时候。离混乱或刻板的河岸越近，我们离健康的心理和情绪就越远。避开河岸的时间越长，享受幸福之河的时间就越长。成年后的我们都是这样在人生中前进的，时而在平静中感受和谐，时而混乱不堪，时而刻板，时而在混乱与刻板之间来回往返。和谐在整合中产生，整合受阻就会出现混乱或刻板。

幸福之河

在一条平静的河流之中，你乘坐独木舟安静地顺流而下，觉得自己和周围的世界融为一体，这就是幸福之河。河两岸分别是混乱和刻板，无论靠近河岸的哪边，都不能拥有平静和幸福。

这个道理也适用于我们的孩子，他们有自己的小独木舟，在自己的幸福之河中顺流而下。我们在养育孩子的过程中面临挑战，就是因为孩子偏离了水流中央，要么太混乱，要么太刻板。你3岁的孩子拒绝在公园里与人分享玩具船，这时他身处刻板一岸；有人把玩具船拿走的时候，你的孩子会号啕大哭，乱扔沙子，这时他处于混乱一岸。你完全可以引导孩子重返幸福之河，进入和谐状态，帮助他避免混乱和刻板的干扰。

大一点儿的孩子也会出现这样的情况。你的孩子上五年级了，平时容易相处，却会因为没有得到学校演出中的独唱机会而歇斯底里地大哭。她根本平静不下来，并且不断地告诉你在整个年级里她的嗓音最好。实际上，她在混乱和刻板的河岸间来回往返，她的情绪显然已经控制了理智，所以她拒绝承认别人比她唱得好。你可以引导她回到平静的水流之中，让她的内心更加平衡，进入一种更加整合的状态。在后文中，我们会提供大量的方法解决这类问题。

日常生活中，混乱和刻板无处不在。你会惊讶地发现，了解混乱和刻板的概念可以帮助你理解孩子最令人费解的行为。这些概念可以帮助你随时把握孩子的整合程度。如果看到孩子表现出混乱或刻板的行为，你就知道他的大脑没有完全整合。同样，当他的大脑整合良好时，他将展现出一个心理和情绪健康的人该有的品质：灵活变通、情绪稳定，并且能够理解自己和周围的世界。

强大且实用的整合方法能让我们看到孩子或我们自己在整合被打断时表现出的混乱和刻板。一旦意识到这一点，我们便可以制定恰当有效的战略来促进孩子及我们自己的整合。这些全脑战略可以运用于日常生活的每一天，在后面的章节中会有进一步的探讨。

THE WHOLE-BRAIN CHILD

2

改善孩子的情绪

整合左右脑

在孩子的成长过程中，右脑占主导地位，因而他们完全活在当下，不理会外在的一切。如果只用左脑，孩子的情感世界就会变成沙漠。通过聆听与关注、经历分享，父母可以认清孩子的情绪状态，帮助他们把左右脑结合起来，用左脑的逻辑平衡右脑的强烈情感。一旦学会正确处理情绪，他们就能变得更快乐。

托马斯4岁的女儿凯蒂非常喜欢上学，爸爸每次送她上学与她告别时，她从来没哭闹过。直到有一次，她在学校生病了，老师打电话给托马斯，托马斯就把凯蒂接走了。

第二天要去上学的时候，凯蒂开始哭闹，可之前她还好好的呢。接下来的几天，每天早晨都会发生同样的事情。就算托马斯在凯蒂哭闹与反抗的情况下给她穿上了衣服哄她去上学，到了学校后，情况也没有得到改善。

在学校的停车场下车之后，凯蒂就会越来越"反常"。接近教学楼时，她就会有一种"非暴力不合作"的行为。她紧贴着爸爸，小小的身体重若千金。

在她的反抗之下，托马斯只好拖着她一步步地挪向教室。到了教室后，托马斯被她抓得更紧了。最终凯蒂使出了"撒手锏"，她把所有的重量都压在托马斯的腿上。当托马斯终于逃出凯蒂的"魔掌"准备走出教室时，他听到了女儿歇斯底里的声音："你走了，我会死的！"

这是一种十分常见的幼儿分离焦虑现象。有时候学校对孩子而言是个非常可怕的地方，但是托马斯很纳闷："凯蒂生病之前总会盼望着去学校。她热爱学校里的活动，喜欢和同学交朋友，爱讲故事，还很崇拜她的老师。"

那么，到底哪里出了问题？为什么一场病就让凯蒂生出了这样极端的、不可理喻的恐惧情绪？托马斯应该怎样回应？他的首要任务就是找个法子让凯蒂心甘情愿地去上学，这是他的"生存"目标。但是他也希望把这个艰难的经历转变成一次机会，不仅解决凯蒂眼下的问题，更要对她以后的成长过程起到一定的促进作用，这是他的"发展式教育"。

稍后我们会回到托马斯面临的这个问题上来，看他怎样运用大脑基础知识让仅仅满足最低要求的"生存"时刻，变成帮孩子获得无限发展能力的"发展时刻"。他很了解我们接下来要阐述的知识：左右脑工作的简单原理。

左脑和右脑

可能你已经知道大脑分成左右两个部分，这两个部分不仅在解剖学上是分离的，而且在功能上也非常不同。有人甚至认为，左右脑有各自独特的"个性"，它们都有"自己的想法"。科学界称，大脑影响我们的方式有"左脑模式"和"右脑模式"（见图 2-1），但为了方便起见，我们将用通俗的说法讨论左脑和右脑。

左脑和右脑

左脑热爱并且渴望秩序，是逻辑化的、求实的、语言的和线性的。而右脑是全面的、非语言的，它发送并接收表情、眼神、语气、语调等信号，使我们得以沟通。

左脑热爱并且渴望秩序，是逻辑化的、求实的、语言的和线性的。而右脑是全面的、非语言的，它负责发送并接收信号，使我们实现沟通的目的。这些信号包括表情、眼神、语气、语调、身体姿势和手势。右脑不关心细节和秩序，只关心整体的场景，即一次经历的含义和感受，并专门处理意象、情绪和个人记忆。“直觉”或者“发自内心的感觉”就来源于右脑。

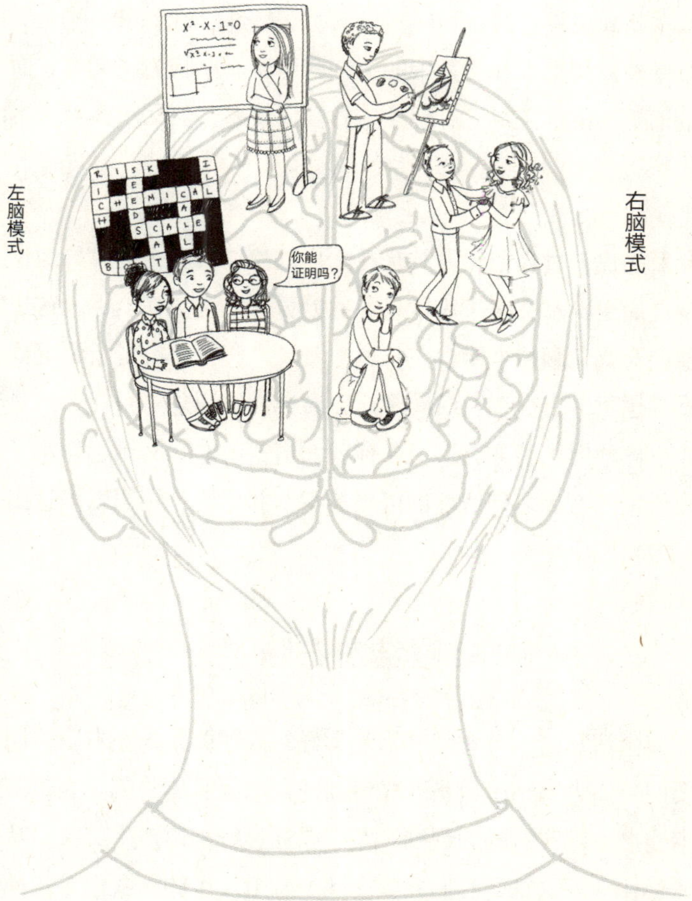

图 2-1　左脑模式和右脑模式

有人说右脑更加直观和感性，从专业角度来说，更准确的说法是右脑更直接地受到身体和大脑底端区域的影响，负责接收和解读情感信息。简单地说，就是左脑是逻辑化的、语言的和求实的，而右脑是情感的、非语言的、经验化的和自传体式的。

你可以这样想，左脑关心法律条文。随着孩子慢慢长大，他们会变得非常擅长左脑式思维："我没有挤她！我只是轻轻地推了她一下。"而右脑关心法律精神，注重人际关系中的情感和体验。左脑关注文本，而右脑关注语境。正是不讲求逻辑的、感性的右脑促使凯蒂朝父亲大喊："你走了，我会死的！"

在儿童的成长过程中，尤其是在3岁以前，右脑占据主导地位。儿童还没有掌握用逻辑和文字来表达感受的能力，完全活在当下，这也解释了为什么他们会毫无顾忌地蹲在人行道上看瓢虫爬行，或者上课迟到了也毫无内疚感。逻辑、责任以及时间观念，对他们来说还不存在。但是当一个幼儿开始不停地问"为什么"时，你就知道他的左脑开始起作用了，因为左脑想知道世间万物之间线性的因果关系，并用语言把逻辑表达出来。

联结左右脑

为了使生活和谐、有意义并构建良好的人际关系，左右脑协同运作是至关重要的，而大脑结构也是这样设计的。以胼胝体为例，它是一束沿着大脑中枢连接左脑和右脑的纤维，左右脑通过纤维束产生交流，从而作为一个整体运作——这正是我们希望在孩子身上发生的。我们希望孩子的大脑横向整合，左右脑默契配合。这样，孩子会同时正视自己的逻辑和情绪，更好地平衡两者，进而理解自己和这个世界。

大脑之所以分成左右两部分，是因为每一部分都有专门的功能。我们因此可以实现更加复杂的目标，执行更加困难的任务。当大脑无法整合或者我们只从一侧大脑获取经验时，就会出现问题。只使用左脑或者右脑就像只用一只胳膊游泳，尽管一只胳膊也可以游泳，但是两只胳膊一起用，不是更能直达目标、更加容易成功吗？

大脑也是同样的道理。以情绪来说，如果我们希望生活更有意义，情绪绝对不可或缺，但是我们不希望生活完全被情绪控制。如果我们被右脑掌控而忽视左脑的逻辑，我们就会淹没在想象和身体感觉营造出的情感海啸之中。同样，我们也不希望只运用左脑，将逻辑和语言从感受和个人体验中剥离，那样会让我们感觉身陷情感沙漠。

我们的目的就是避免情感海啸或情感沙漠。我们希望非理性意象、自传式记忆和那些对我们而言至关重要的情绪能够发挥作用，同时也希望它们能够和秩序、结构相整合。当凯蒂在学校大吼大叫时，右脑支配了她的行为。凯蒂情绪化的右脑没有和她逻辑化的左脑协调运作，托马斯因此目睹了一次非理性的情感海啸。

这里有一点很重要：不是只有情感海啸会造成问题，忽视或否认情感导致的情感沙漠一样会造成一些问题。这类问题更多地发生在年龄较大的孩子身上。下面是一个 12 岁女孩的故事，很多人都有过这种经历。

阿曼达和她最好的朋友发生了争执。我们从她母亲那里得知，这场争执在当时对她来说非常痛苦。但当谈论这件事情的时候，她却只是耸耸肩，盯着窗外，说道："我真的不在乎，但我们不会再说话了，因为她惹恼了我。"

她的表情冷漠而平静，但是从她微微颤抖的下唇和闪烁的眼神中，我能感觉到她右脑的非语言信号在揭示她的真实情绪。在这个时候，"拒绝"表明一种伤痛。阿曼达处理脆弱情感的方式就是退回到左脑，退回到她贫瘠如沙漠，但是可预知且可控制的左脑。

我需要让阿曼达明白，即使回想起和朋友的冲突是非常痛苦的，她也需要注意甚至尊重发生在她右脑里的事情，因为右脑与身体感觉以及底层大脑释放出的信息息息相关，二者共同创造了情绪。因此，所有来自右脑的意象、感觉和自传式记忆都充满了感情。伤心的时候，我们往往会从不可预知的、觉察式的右脑中撤退，退回到可预知、可控制的、逻辑式的左脑中，这样我们会感觉到更安全。

帮助阿曼达的关键在于，我要温和地去感知她的真实感受。我没有直接指出她对我，甚至是对自己的隐瞒，也没有指出她生命中的重要之人如何伤害了她，我只是试着让我的右脑去和她的右脑沟通。通过我的面部表情和姿态，让她知道我真的希望能够体会到她的情绪，感同身受地帮助她去"感受自己的感受"；让她知道她并不孤单，因为我关心她的内心体验，而不仅仅是外在表现。一旦建立了彼此间的联结，语言对两个人来说就会变得更加自然，我可以慢慢进入她的内心，看看到底发生了什么。

通过让阿曼达讲述她和最好的朋友之间的争执，并且注意她在讲述时的停顿，观察她微妙的情绪变化，我把阿曼达再次引入她真实的情绪之中，并帮助她有效地处理这些情绪。这就是我尝试既同她右脑的感受、身体感觉和意象联结，又同她左脑的语言、线性叙事能力相联结的过程。一旦了解了左右脑的作用机制，我们就能明白，整合这二者将会彻底地改变互动结果，以及这种彻底改变是如何实现的。

我们不希望孩子受到伤害，同时也希望他们不仅能熬过生活中的困境，还能直面困难并得到成长。当阿曼达退回到左脑，逃避右脑中翻涌的痛苦情绪时，她就拒绝了一部分需要自己承认的重要自我。

刻板的左脑

否认情感只是我们过于依赖左脑的危险之一，我们还可能因此变得太过刻板，缺乏对不同观点的辨别力，缺乏结合背景来理解事件的能力，因为这是右脑的特长。正因如此，有时你对 8 岁的孩子开个善意的玩笑都可能引起他的防御和愤怒。别忘了，右脑负责解读非语言信息，特别是当孩子累了或情绪不佳的时候，他可能只会注意到你的话的字面意思，却不会注意到你开玩笑的语气和搞怪的表情。

蒂娜最近遇到了一件有趣的事情，展示了刻板的左脑完全支配大脑时会产生怎样的结果。

蒂娜从食品店为刚满 1 岁的儿子订购了一个蛋糕。她想要一个“纸杯蛋糕做成的蛋糕”，就是用糖霜把好多个纸杯蛋糕连在一起，这样看起来像一个很大的蛋糕。她下订单的时候告诉蛋糕师傅要把儿子的名字“JP”写在纸杯蛋糕上。结果，她在生日聚会开始前拿到了图 2-2 中的蛋糕，上面写着：JP 在纸杯蛋糕上。

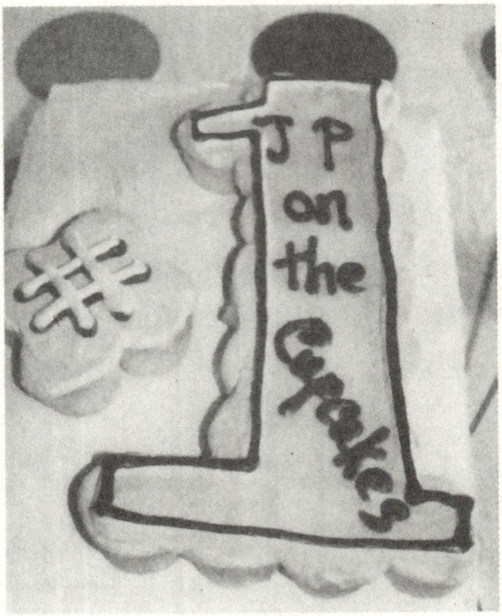

图 2-2 典型的左脑刻板

当蒂娜告诉蛋糕师傅“将‘JP’写在纸杯蛋糕上”时，根本没想到师傅会这么死心眼，左脑化地理解她的话。

我们的目标是帮助孩子学会同时运用左脑和右脑，即将左右脑整合起来。还记得幸福之河吗？河两岸分别是混乱和刻板，保持心理健康就是保持在这两个河岸之间和谐的水流中央。帮助孩子联结左脑和右脑，能够给他们更多避开混乱和刻板河岸的机会，从而生活在健康、幸福且不断流动的河水之中。

整合左右脑可以确保孩子不会离两岸太近。如果右脑的情感没有与左脑的逻辑结合，孩子就会像凯蒂一样漂向混乱的河岸。这意味着我们需要帮助孩子从左脑获取一些观点，并积极地处理情绪。否则，就像阿曼达那样，一旦抵制情绪并躲回左脑中，就会撞上刻板的河岸。这时候我们就要帮助孩子邀请右脑多多参与，以便他们接纳新的信息和体验。

整合我们自己

现在你已对左右脑有了更多的了解，接下来想想自己大脑的整合程度吧。当你初为人父或初为人母时，有没有被右脑支配过？你是不是经常被卷入情感海啸中，让孩子被你自己的混乱和恐惧淹没？或者，你倾向于住在左脑的情感沙漠之中，结果你的反应刻板，使你在解读和回应孩子的情绪和需要时很费劲？

下面是一个妈妈的话，她意识到她最初和小儿子互动的时候只用了左脑。

我成长在军人家庭。不用说，我一点儿都不情绪化！我是个兽医，一个训练有素的问题终结者，不太擅长共情。

当儿子哭泣或难过时，我会试着让他安静下来，好帮他解决问题。这样做有时候没用，甚至让他哭得更加厉害，所以我只好走开，等他自己平静下来。

最近，我试着首先进行情绪联结——右脑对右脑，这对我来说是完全陌生的。现在我会抱着他，听他说，甚至帮他复述他的故事，让他的左右脑一起工作。然后我们会讨论怎么采取行动或者解决问题。现在我试着谨记：联结第一，解决第二。

要想做到是需要练习的，但是一旦我先和儿子在情感上取得了联结，既用右脑也用左脑，而不是只用左脑，一切就变得更顺利了，我们的关系也得到了改善。

这位妈妈意识到，对自己右脑的忽略让她错过了与儿子联结、帮助儿子发展右脑的重要机会。

促进孩子大脑整合的最好方法，就是我们自己的大脑更加整合，我会在镜像神经元部分对这一点进行更全面的讨论。我们自己的左右脑一旦整合起来，就可以联结现实的左脑和理智，让我们做出重要决定并解决问题；同时联结右脑和情绪，让我们觉察感受、身体感觉和情绪，从而亲切地回应孩子的需求。

那么，怎样才能促进孩子大脑的横向整合呢？下面我们将教你两招。当“整合时机”出现时，你可以立即开启对孩子左右脑的整合之旅。

全 脑 教 养 指 南

帮助孩子整合左右脑

全脑教养第 1 法

聆听与关注：认清情绪

一天晚上，蒂娜 7 岁的儿子在回房睡觉不久后就又出现在客厅，说自己睡不着。他烦躁地说："我很生气！你从来没有在睡前给我晚安吻！"蒂娜对这个非同寻常的情绪爆发感到惊讶，回应说："我不知道你想让我这么做呀！"儿子的回应是一连串连珠炮似的抱怨："你从来都没有对我好过！我都要气死了！我还得等十几个月才能过生日！我也讨厌做家庭作业！"

这有逻辑吗？没有！看着眼熟吗？当然！所有的父母都会经历这种情况，孩子说了一大堆看起来毫无意义但让他们心烦意乱的问题。这种情况足以让人沮丧，尤其是当你以为孩子已经长大、不再乱发脾气的时候。突然，他烦躁得不可理喻，而且你似乎完全帮不上忙。

基于对左脑和右脑的了解，我们可以得知此时蒂娜的儿子右脑情绪正在剧烈地波动，而且缺乏左脑逻辑的平衡。面对这样的情况，最徒劳的反应就是急切地保护自己（如“我明明对你很好”），或者跟儿子错误的逻辑较劲（“我也没有办法让你的生日早点儿到；至于家庭作业，是你必须做的”）。这种合乎逻辑的左脑式反应会撞在孩子右脑抵制性的砖墙上，并在母子之间拉开一道鸿沟。别忘了，这种时候他负责逻辑的左脑已经消失了。

所以，如果蒂娜采用左脑式回应，儿子就会觉得妈妈不理解他或者不关心他的感受。他正处在右脑非理性的情绪洪流中，左脑式回应是一个两败俱伤的办法。

怎样做才正确

遇到上文的情况，绝大多数父母本能的反应就是问孩子“你到底在说什么”，或者让孩子立刻回去睡觉，但是蒂娜制止了自己。她运用了联结和引导策略，把儿子拉到身边，抚摸他的后背，用一种安慰的声调说:“有时候你真的很难受，对不对？但你是知道的，我永远不会忽略你的，你一直在我心里，你要明白你对我来说是独一无二的。”

儿子在蒂娜怀里解释说，有时候他觉得弟弟获得了妈妈更多的关注，而家庭作业占用了他太多的课余时间。在他说话的时候，蒂娜能够感觉到他慢慢放松下来，态度也逐渐软化。儿子感觉到妈妈在聆听、关注自己。接下来蒂娜简要地解释了儿子刚才提出的那些具体的问题，因为他现在比较愿意去解决了，他们一致同意天亮了再说。

在这种时候，父母不清楚孩子是真的有需要，还是只想拖延入睡时间。拓展孩子的思维并不意味着让孩子操纵你或是强化不良行为。相反，通过了解孩子的大脑是怎样运作的，你可以更快地与孩子合作，最大程度地减少冲突。

因为蒂娜了解儿子的大脑发生了什么，所以她知道最有效的办法就是与他的右脑联结。她用右脑听儿子讲话并安慰他，结果不到 5 分钟儿子就回去睡觉了。反过来，如果她运用左脑的逻辑和规则，严厉地训斥儿子，他们两个就都会更加不安，而儿子平静下来回去睡觉的时间也将远远超过 5 分钟。

更重要的是，蒂娜的回应充满关爱。虽然对她来说，儿子的问题很傻、很没有逻辑，但他真的感觉到了不公平，所以他的抱怨是正常的。通过右脑对右脑地与儿子联结，她能够让儿子知道，她感受到了他的感受。即使他是在拖延睡觉时间，右脑式回应也是最有效的方法，因为这不仅让她满足了儿子对联结的需要，而且更快地引导他回到了床上。蒂娜没有与儿子的情感海啸对抗，而是通过回应他的右脑，应对自如。

这个故事给了我们一个重要的启示：当孩子烦躁的时候，逻辑往往不起作用，除非我们回应了孩子右脑的情感需求。我们把这种情感联结叫作“感同身受”，也就是与另外一个人深入联结，让他“感到被理解”。当父母和孩子感受到对方的感受时，他们就能体验到所谓的联结。

蒂娜的做法叫作“聆听与关注”，它首先让孩子“感到被理解”，然后再去尝试理智地解决问题。下面我们来看看这个方法是如何起作用的。

第 1 步：同右脑联结

我们在社会中接受的训练是用语言和逻辑解决问题，但是当你 4 岁的孩子因为不能像蜘蛛侠一样在天花板上爬而极度愤怒的时候（蒂娜的儿子曾经如此），似乎不是给他上物理课的好时机。或者如果你 7 岁的孩子因为觉得妹妹得到了更好的待遇（我的儿子有时候这么觉得）而感觉受到伤害时，写一个记分牌来证明你对孩子们的公平也不是一种正确的做法。

相反，利用这些机会，我们可以认识到逻辑不是带来理智对话的主要工具。这似乎有悖常理，不是吗？但父母必须铭记在心的是，不论孩子的感情在我们看来是多么荒谬和令人沮丧，它们对孩子来说都是真实而且重要的——我们也应该以同样真诚和重视的态度做出回应。

在蒂娜与儿子的交谈中，她承认他的感情，从而激发其右脑开始运转。她还使用非言语信号，比如身体接触、感同身受的面部表情、关爱的语气和不带偏见的倾听。换句话说，蒂娜用自己的右脑和儿子的右脑联结及沟通。这种右对右的沟通可以帮助孩子的大脑进入平衡或更加整合的状态。接下来她开始对儿子的左脑做工作，解决他提出的具体问题。

第 2 步：引导至左脑

在回应孩子的右脑之后，蒂娜开始转向左脑。她合理地解释，努力地做到公平，承诺在儿子睡觉的时候给他留一张纸条，和他一起筹划下一个生日，并且想办法让家庭作业更加有趣，从而引导他进入积极的方向。这些工作他们在当天晚上做了一部分，但大多是第二天做的。

一旦与儿子“右对右地联结”上，“左对左联结”和理性地处理问题就变得容易得多。通过第一步联结右脑，蒂娜接下来可以通过逻辑的解释和规划来引导孩子的左脑，这需要他的左脑参与到会话中。这种方法让他能够以一种整合、协调的方式来使用左脑和右脑。

这并不意味着“聆听和关注”永远管用。毕竟有些时候，孩子只是度过一个不会再重现的情绪点，只需要冲过情绪的海浪直到风暴过去，或者仅仅需要吃点儿东西，睡个安稳觉。你可能需要像蒂娜一样，等孩子达到更加整合的状态后，再来理性地讨论他的感情和行为。

我们也不建议仅仅因为孩子没有逻辑思维就一味地纵容他或者轻易让他突破你的底线。不能仅仅因为孩子的左脑还不起作用，就把尊重和行为规范掷出窗外。例如，举止不敬、伤害他人、乱摔东西等一切不当行为在孩子情绪高涨的时候都应该禁止。你应当制止孩子的破坏行为，把他拉到一边，然后再开始进行聆听和关注。

最好在孩子平静下来之后再讨论其不当行为及后果，因为孩子情绪爆发的时候并非吸取经验教训的最佳时机。一个孩子在用左脑工作的时候更容易接收信息，这时候立规矩也会更加有效。这就好比你是一个下水去救孩子的救生员，在告诉孩子下次不要游这么远之前，你需要先游向他、抱住他并且帮助他上岸。

在做这一切之前，最关键的是当孩子身陷右脑的情感海啸中时，在引导他之前先与他联结，就是帮了你自己和孩子一个大忙。这种联结就像救生圈，可以保证让孩子的头露出水面，并避免你被惊慌之下的他拉下水。

图解全脑教养第 1 法

避免命令和要求

尝试聆听与关注

全脑教养第 2 法

经历分享：安抚情绪

蹒跚学步的孩子跌倒擦伤了手肘、上幼儿园的孩子失去了心爱的宠物、五年级的学生在学校被同学欺负……痛苦、失望或恐惧的感受能够将孩子淹没，强烈的情绪和身体感觉充斥着孩子的右脑。当这种情况发生时，父母的责任是引导左脑运转起来，让孩子明白到底发生了什么。提高孩子大脑整合水平最有效的方法之一，就是帮他复述带来恐惧或痛苦的经历。

9 岁的贝拉上厕所冲水的时候马桶坏了，水涌得满地都是。之后贝拉不愿意（实际上也不能）冲洗马桶。爸爸道格知道“经历分享”的方法，他陪女儿坐下来，复述水从马桶里溢出来这件事。道格让她尽可能详细地讲述这件事，而且帮助她补充细节，包括贝拉心里对冲马桶挥之不去的恐惧。复述了几次这个故事之后，贝拉的恐惧逐渐减少，最后终于消失了。

为什么经历分享这么有效呢？从本质上来讲，道格所做的，正是帮助女儿让左右脑共同工作，以让她理解所发生的事情。当她详细述说水溢到地板上的情景以及她的担心和害怕的时候，她的左右脑就是在以整合的方式一起运作。她调用左脑理顺细节并将经历转化为语言，然后引入右脑，重访她的情绪。通过这种方法，道格帮助女儿讲述她的担心和害怕，这样她就可以抚平这些情绪了。

如何引导孩子复述故事

有时候孩子不愿意说出经历。我们要尊重他们的意愿，让他们自己决定什么时候说、怎么说，强迫他们说出来只会适得其反。想想你自己想要独处、不想说话的时候，别人的催促有用吗？相反，这时我们可以温柔地鼓励他们，开个头，请他们来补充细节；如果他们不感兴趣，要给他们时间，以后再谈。

如果有策略地开始这种谈话，孩子就更可能给你反馈。首先要确保你和孩子都有好的心情。经验丰富的家长和儿童心理治疗师也会告诉你，比起坐下来面对面地请孩子分享心情，一边干别的事情一边跟孩子谈话效果会更好，比如在搭积木、玩卡片或者骑车的时候，孩子更愿意分享和讨论。如果孩子不想讨论的话，还可以采取其他办法，比如让他把这件事画出来或者写下来。如果感觉他不愿意跟你谈，就鼓励他跟别人谈，朋友、其他成年人甚至兄弟姐妹，都是很好的倾听者。

复述的力量很强大，它可以分散孩子的注意力或者让他们平静下来，但是大部分人没有意识到强大力量背后的科学原理。右脑处理情绪和自传式记忆，左脑为情绪和记忆赋予意义。左右脑一起工作会治愈我们的痛苦经历。一旦孩子学会关注并分享经历，就能以健康的方式回应所有的事情，从擦伤手肘到重大的损失或精神创伤都包括在内。

孩子需要的，往往是厘清事情经过，尤其是在他们体验了强烈的情感时，需要有人帮助他们运用左脑搞清楚到底发生了什么事情。弄明白强大而又可怕的右脑情感，使他们可以有效地处理这些情感。这就是讲故事的作用：整合左右脑来理解自己和所处的世界。

为了把故事复述得合乎情理，左脑必须用词语和逻辑把事件整理好，右脑则致力于处理身体感觉、原始情绪和个人记忆，这样我们才能看到完整的图景，传达自己的体验。这正是写日记和讲述艰苦经历会产生强大的治愈作用背后的科学原理。事实上，研究表明，仅仅是给真实的感受指定一个名字或者贴一个标签，就可以让右脑“情绪通路”中的活动平静下来。

出于同样的原因，对所有年龄段的孩子来说，复述故事都很重要，都可以帮助他们了解自己的情感和生活中发生的事。有时候父母会回避谈论令人苦恼的事情，认为这样做会强化孩子的痛苦或者使事情更糟。其实，很多时候复述故事正是孩子所需要的，这不仅可以让他们搞清楚事件经过，还可以让他们把注意力转移到更好的事情上。

还记得玛丽的儿子马可的故事吗？我们总是本能地想弄明白有些事情为什么会发生在自己身上，这促使大脑不断尝试去了解我们所获经验的意义，直到成功为止。作为父母，我们可以通过讲故事来促进这个过程。

这就像托马斯和凯蒂，凯蒂尖叫着说如果爸爸把她留在学校她就会死，虽然这种状况让托马斯感到沮丧，但他还是抵制住了忽略和否认凯蒂感受的冲动。因为意识到女儿的大脑把好几件事情连在了一起：被扔在学校、生病、爸爸离开她以及害怕。结果一到该收拾东西去学校时，她的大脑和身体就开始告诉她：“坏主意。学校 = 生病 = 爸爸离开 = 害怕。”从这个角度看，她不想去上学是可以理解的。

想到这一点，托马斯开始运用左右脑的知识。他知道像凯蒂这么大的孩子是典型的右脑主导型，他们还没有掌握用逻辑和文字表达感受的能力。凯蒂体验到了强烈的情感，但是她不能准确地理解并清晰地表达出来，结果情绪变得极为强烈。托马斯也知道，自传式记忆储存在右脑，女儿生病的细节已经和她的记忆挂钩，这导致她的右脑超负荷运转。

掌握了这些信息，托马斯就知道他要帮凯蒂做的，是让她的左脑弄明白这些情绪，厘清事件的顺序，并且将感受付诸语言。托马斯采用的方式是帮助女儿讲述生病那天发生的故事，这样她就可以同时运用左脑和右脑。

托马斯告诉凯蒂："我知道有段时间你不愿去上学，这都是因为你在学校生病了。我们试着来回忆你生病那天。首先，我们准备好了去学校，对吗？还记得吗，你想穿红色的裤子。我们吃了蓝莓松饼，接下来你刷了牙。我们到了学校，然后拥抱着告别。你开始在活动桌上画画，我挥手跟你说再见。在我离开之后发生了什么呢？"

凯蒂回答说她生病了。托马斯继续说："对。而且我知道你感觉很不舒服，但是拉鲁索女士把你照顾得很好，她知道你需要爸爸，所以给我打了电话，我马上就到了。有老师在爸爸来之前照顾你，这样很幸运，对不对？然后又发生了什么事情呢？我照顾你，你感觉好多了。"托马斯强调他立刻赶到了，而且一切都很好，他还向凯蒂保证，只要她需要爸爸，他会一直在。

把事件的过程理顺，托马斯让女儿明白了她的情感与身体正在经历什么。接下来托马斯帮助凯蒂创建了一些新的联想，表明学校是安全而有趣的，提醒她要热爱学校的方方面面。他们一起做了一本画册，通过写字和画画讲述了整件事，并且重点介绍了教室里她最喜爱的地方。和其他孩子一样，凯蒂喜欢一遍遍地读她自己做的画册。

没过多久，凯蒂就重燃了对学校的热爱，这次经历对她不再有那么大的影响。事实上，她知道有爱她的人的支持，她就可以克服恐惧。随着凯蒂的成长，爸爸会继续帮助她搞明白她的种种经历。这种讲述故事的方式对凯蒂来说，会变成一个处理困境的自然方法，并在她成年之后成为面对逆境的有力工具，这将让她一生受益。

10 个月到 10 岁都适用

即使孩子比凯蒂小得多，比如只有 10 ～ 12 个月那么大，他们也会对讲故事反应积极。举例来说，蹒跚学步的小女孩跌倒了，擦伤了膝盖。她的右脑占据主导地位，使她完全处在当下，沉浸在身体和情绪的痛苦之中。从某种程度上说，她会担心痛苦永不消失。当妈妈复述这件事时，对经历赋予语言和秩序，这就是在调动和开发女儿的左脑，向她解释发生了什么——她只是跌倒了，这样女儿就能明白为什么她会受伤。

不要低估故事对孩子的吸引力，你可以尝试验证一下，你会惊讶于它如此有用，也会惊讶于孩子以后受伤或害怕的时候多么渴望讲故事。这种“经历分享，安抚情绪”的方法对大一点儿的孩子同样有效。

我认识的一位母亲劳拉，就对她的儿子杰克使用了这种方法。杰克 10 岁的时候发生了一起不严重但很吓人的自行车事故，后来他一想到要骑自行车就会觉得紧张。下面是劳拉帮助儿子讲故事让他理解内心体验的过程。

劳拉：记得你摔倒的时候发生了什么吗？

杰克：过马路的时候我正看着你，没注意到下水道的栅栏。

劳拉：接下来发生了什么呢？

杰克：车轮被卡住了，自行车压在了我身上。

劳拉：太可怕了，对不对？

杰克：是，我不知道怎么办……我倒在了街上，我甚至看不到发生了什么。

劳拉：亲爱的，你一定吓坏了吧？你记得接下来发生了什么吗？

劳拉帮助杰克详细讲述了整个经历。最后，他们一起讨论这次事件是怎么解决的：杰克摔倒后哭了，劳拉温柔地安慰他，给他贴上创可贴，后来他们一起去修理了自行车。他们还提出要小心提防下水道栅栏，要在过马路时注意来往车辆。这让杰克摆脱了一些无助的感觉。

这类谈话的内容显然会根据具体情况而发生改变，但是要注意劳拉是怎么引导儿子讲出故事的。在儿子讲故事的过程中，她让儿子占据主动，而她只作为一个推动者，帮助儿子回忆事件中的细节和感受。

经历给予我们前行的力量，让我们在失控的时候重新掌控局面。一旦我们可以说出恐怖或痛苦的经历，用文字表达并接受这些经历，它们往往就会变得不那么让人恐惧和痛苦。帮助孩子说出他们的痛苦和恐惧，就是在帮助他们抚平这些负面情绪。

图解全脑教养第 2 法

避免置之不理和否认

尝试经历分享

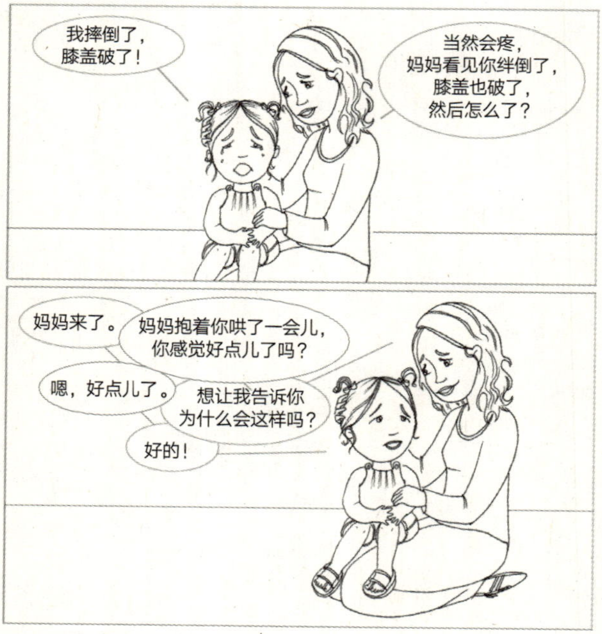

全 脑 儿 童

教孩子了解左脑和右脑

请跟孩子一起阅读，以下内容是针对 5 ～ 9 岁的孩子而写的，你可以自行修改，以适合不同年龄和发展阶段的儿童需要。

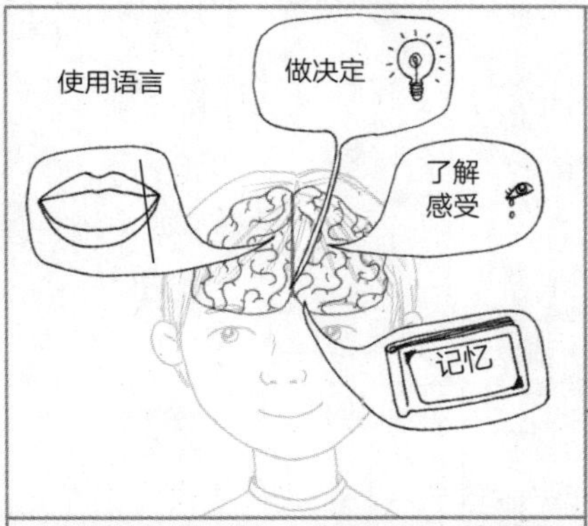

你知道你的大脑分成很多部分并且每个部分都有不同的功能吗？这差不多相当于你有很多个有自己想法的大脑。不过我们可以让它们融洽相处并互相帮助。

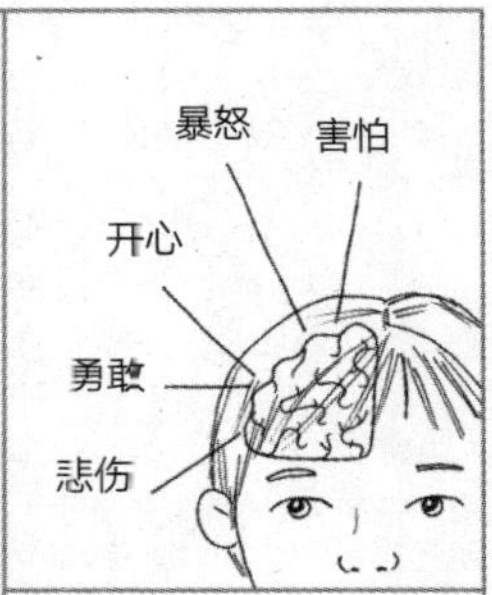

我们的右脑听从我们的身体和大脑其他部分的指挥，它了解我们的情绪，比如开心、勇敢、害怕、悲伤或者暴怒。关注这些感受并与之对话非常重要。

有时，当我们心烦时，我们不理会这种情绪，但它会在我们的心中不断累积，让我们说出本不想说的话，做出本不想做的事。

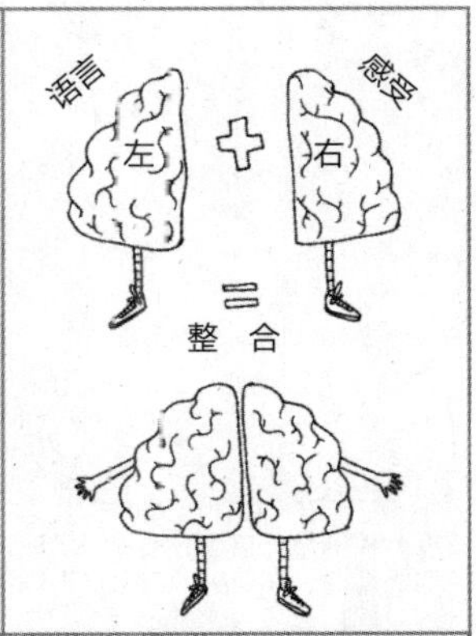

左脑可以帮助我们把这些感受转化成语言。当我们的大脑像团队一样工作时，我们就能平静下来。

案例

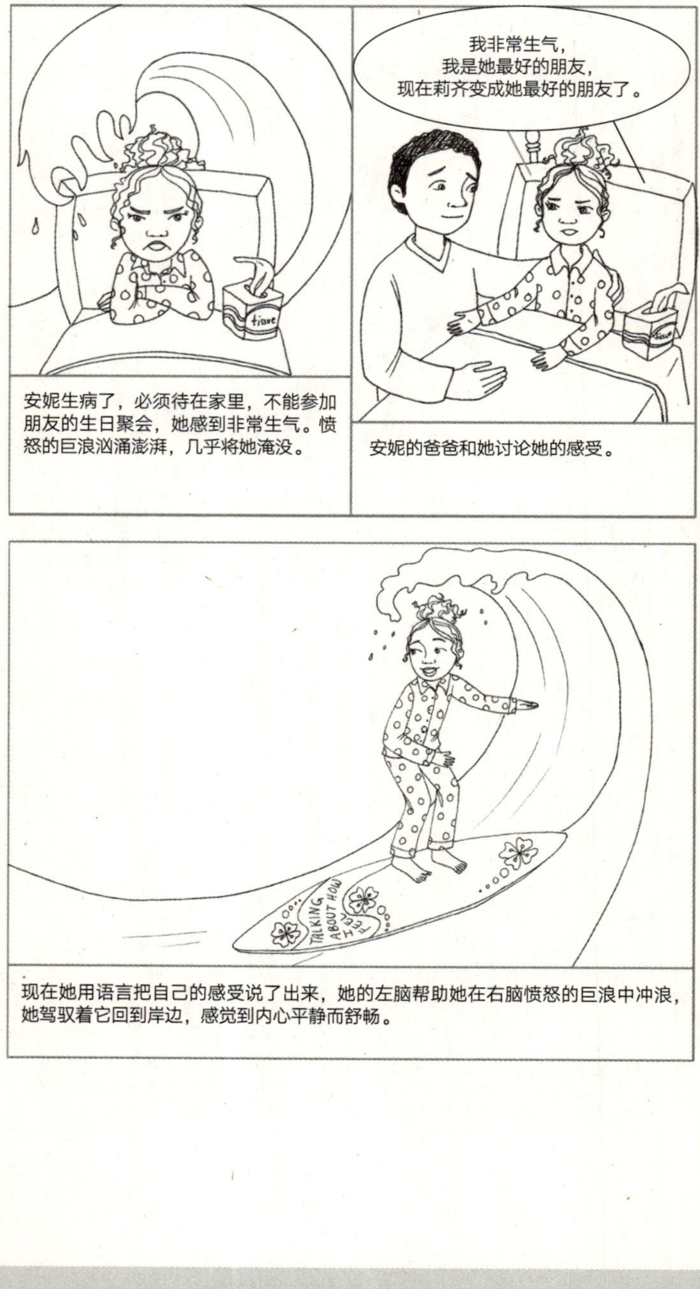
安妮生病了，必须待在家里，不能参加朋友的生日聚会，她感到非常生气。愤怒的巨浪汹涌澎湃，几乎将她淹没。
我非常生气，
我是她最好的朋友，
现在莉齐变成她最好的朋友了。
安妮的爸爸和她讨论她的感受。
现在她用语言把自己的感受说了出来，她的左脑帮助她在右脑愤怒的巨浪中冲浪，她驾驭着它回到岸边，感觉到内心平静而舒畅。

THE WHOLE-BRAIN CHILD

3

教会孩子自我控制

整合上下脑

控制本能的下层脑在孩子出生时就已十分发达，而拥有高级分析思维能力的上层脑要到成年后才能完全发育成熟。因此，当孩子情绪失控时，唤起他们的上层脑，鼓励孩子控制自己的身体和情绪，考虑别人的感受，就能帮助他们做出正确的决定。

一天下午，吉尔听到她6岁的儿子格兰特在卧室里大喊大叫。原来是因为吉尔4岁的女儿格雷西发现了哥哥的宝物箱，拿走了他“最稀有的宝石”，又把它给弄丢了。吉尔听到格雷西用最恶毒的语气说：“只是一块破石头而已，把它弄丢了我可太高兴了！”

吉尔看到格兰特握紧双拳，满脸通红。她知道将会发生什么：格兰特即将失控并做出错误的决定。她看到了他眼中的愤怒，听到野蛮的低吼声开始从他喉咙里冒出来。在格兰特冲向妹妹的瞬间，吉尔拦住了他。吉尔把他紧紧地抱了起来，格兰特疯狂地拳打脚踢，不停地尖叫。当他终于停下来时，吉尔才放他下来。格兰特眼泪汪汪地看着妹妹——实际上她崇拜他，并视他为偶像——平静地说了一句：“你是这世界上最差劲的妹妹。”

吉尔说，最后这句口头攻击戳中了要害，格雷西戏剧化地流出了格兰特所期望的泪水。然而，吉尔庆幸自己在场，不然儿子可能还会进行人身攻击。她问了我一个问题，这也是父母们经常问的问题：“我不可能每一分钟都和孩子在一起，该怎样教他们行为得当、控制自我，尤其是我不在身边的时候？”

你可能也经历过类似的时刻，孩子的情绪一触即发，而且情况马上要变得更糟。事情还有挽救的余地，甚至有希望通过和平的方式解决问题，但是也可能向其他方向发展，沦为吵闹、混乱，甚至暴力。

这取决于你亲爱的小宝贝是否能够控制住冲动、平息一些强烈的情绪、做一个聪明的决定。

说得简单！

我们能教给孩子的重要技能之一，就是让他在像格兰特这样情绪激动时，做出正确的决定。我们希望他们三思而后行，顾及后果，考虑别人的感受，做出合乎伦理和道德的判断。有时候，他们的行为会让我们自豪，有时候则不会。

是什么让孩子在某些时刻选择明智的行动，而在另外一些时刻却表现得如此糟糕？为什么有些情况会令我们欣慰地拍拍孩子的后背，有些情况却让我们举手投降？对于这个问题，在了解了上层脑和下层脑的工作机制后，可以得到一些合理的答案。

心智阶梯：整合上下脑

大脑整合有多种。在第 2 章中，我们集中讨论了左脑和右脑，现在要由上至下，或者由下至上地看看大脑。

把大脑想象成一座两层小楼（见图 3-1），下层脑包括脑干和边缘区域，位于较低的部分，从脖子的上端到鼻梁的位置。科学家称，这些较低的区域更为原始，它们负责基本功能（比如呼吸和眨眼）、与生俱来的反应和冲动（比如打斗和躲避）以及强烈的情感（比如愤怒和恐惧）。

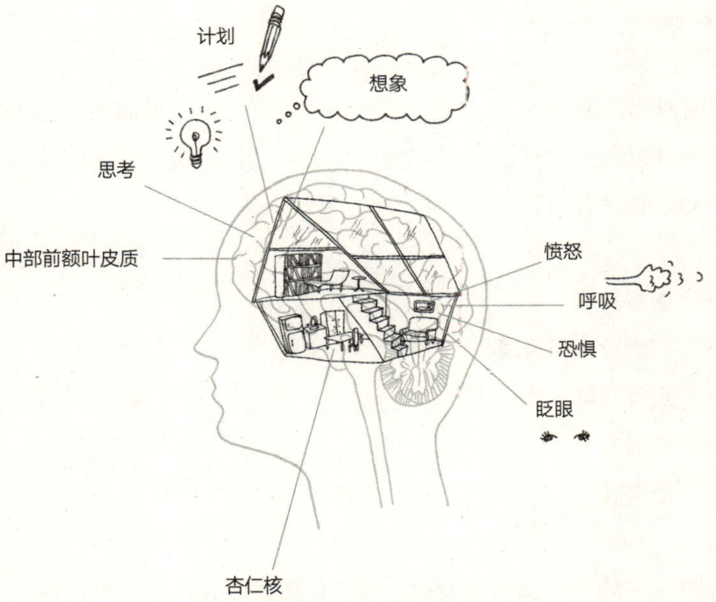

图 3-1　上层脑和下层脑

当你因为少年棒球联盟的界外球飞向看台而本能地后退时，你的下层脑正在执行它的功能。同样，当你花了 20 分钟说服你的孩子相信牙医的办公室并不可怕，牙医助理却在你们的面前宣布“要给他打一针麻药”时，你的愤怒（伴随着其他强烈的情绪和本能反应）会从下层脑中冲出来。下层脑就像房子的一楼，满足很多家庭的基本需求，厨房、餐厅、浴室等都在这一层。

上层脑与下层脑完全不同。它由大脑皮质及其各个部分构成，尤其是额头后面那部分，包括所谓的中部前额叶皮质。与本能的下层脑不同的是，上层脑进化程度更高，可以给你一个更加全面的视角看待世界。你可以把它想象成一个位于二楼的明亮书房或图书室，四面和天花板上装满了窗户，视野更加清晰。在此发生的是更加复杂的心理过程，比如思考、想象和规划。

相比于原始的下层脑，上层脑是非常复杂的，它控制着一些重要的高级分析思维功能。由于其高度的精密性和复杂性，很多我们希望孩子拥有的品质也在此产生：

- **明智决策；**
- **控制身体和情绪；**
- **自我理解；**
- **共情力；**
- **道德感。**

如果孩子的上层脑正常发挥作用，可以使他表现出一些成熟健康的重要特征，但这并不是说他会成为超人或者从来不做幼稚的事。上层脑运转良好可以帮助孩子调节自己的情绪，考虑后果，三思而后行，并考虑别人的感受。所有这些都将帮助他在生活的各个领域中表现出色，使他和家人渡过日常生活中的难关。

如你所想，当上层脑和下层脑整合运作的时候，大脑运转最为良好。因此，父母的目标应该是帮助孩子建立并加固联结上下两部分大脑的虚拟阶梯，从而让这两部分大脑像一个整体一样运作。当一座功能完善的阶梯安置到位后，大脑的上下两部分是垂直整合的。这意味着上层脑可以监视下层脑的行为，并帮助下层脑平息强烈的反应、冲动和情绪。

上层脑和下层脑

下层脑相对更为原始，负责人体基本功能、与生俱来的反应和冲动以及强烈的情感。上层脑进化程度更高，控制着一些重要的高级分析思维功能。

垂直整合还有其他作用，即帮助下层脑与身体（房子的地基）“自下而上”地做出贡献。毕竟，我们不希望上层脑在缺少情绪、本能和身体信息输入的支持下，在所谓的“真空”中做出重大决定。相反，我们首先需要考虑起源于下层脑的情绪和身体感觉，再通过上层脑做出一系列的抉择。再次强调，整合为信息提供了在上下层脑之间自由流动的机会。它有助于搭建一座阶梯，让大脑的不同部分作为一个整体协调运作。

未完工的上层脑

即使希望在孩子的大脑中建立虚拟阶梯，但对于整合，两个重要的原因告诉我们期待要立足于现实。下层脑在孩子出生时就已经十分发达，而上层脑要到一个人二十几岁时才能够完全发育成熟。事实上这是大脑最后发育的一个部分。在孩子几岁的时候，上层脑一直在大规模施工，在十几岁到成年初期还要经历一次大规模的改建。

想象一下，房子的一楼已施工完成，设施齐全，但是抬头看二楼，你可以看到它仍未完工，到处散落着建筑工具。透过未完成的房顶你甚至可以看到一片天空，这就是你的孩子的上层脑——仍在施工中的工程。

这些信息对父母来说非常重要，因为这意味着所有在以上清单中列出的能力，这些我们希望孩子掌握的行为和技能，比如明智决策、控制身体和情绪、共情力、自我理解和道德感，都依赖于那部分还没有发育完全的大脑。因为上层脑仍在“施工”当中，它不能在任何时候都发挥全部的功能。也就是说，它不能和下层脑整合，也不能一直以最佳状态工作。因此，孩子很容易被困在下层。没有上层脑的作用，孩子很容易大发雷霆，做出荒谬的决定，而且普遍缺乏共情力和自我理解能力。

这就是孩子不能很好地同时运用上层脑和下层脑的第一个原因：他们的上层脑还未发育成熟。第二个重要原因与下层脑的一个特定部位有关，这就是杏仁核。

杏仁核让我这么做

杏仁核恰如其名，大小和形状都和杏仁相仿，是下层脑边缘系统的一部分。杏仁核的作用是快速处理和表达情绪，尤其是愤怒和恐惧这两种情绪。这一小块的脑灰质是大脑的“看门狗”，对我们随时可能受到的威胁保持警惕。当感到危险降临的时候，它可以完全接管或者劫持上层脑。这正是有时候我们会“不假思索地采取行动”的原因。

在你不得不刹车的时候，杏仁核会指挥你伸出胳膊去保护你的乘客。也正是杏仁核促使我在和小儿子徒步旅行的过程中，在我甚至还没有意识到前方一两米远的小路上有一条响尾蛇之前，就大叫“别动”。

当然，有时候“先行动再思考”是好事。在这种情况下，我最不需要做的，就是让我的上层脑进行一系列的高阶演习或者成本收益分析：哦，不！儿子前方的路上有条蛇。我应该警告他，我真希望我几秒钟之前就说了，而不是经过这一系列的深思熟虑之后，才下定决心去警告他。相反，我需要我的下层脑（在这种情况下，就是我的杏仁核）接管大脑，做它应该做的：促使我在还没有清醒地意识到自己在做什么之前就叫出来。

杏仁核

杏仁核是大脑底部边缘系统的一部分，其作用是快速处理和表达情绪。这一小块脑灰质是大脑的“看门狗”，对我们随时可能受到的威胁保持警惕。

很明显，先行动再思考在以上这类情况或者其他危险情况下是好事，但是在日常情境中往往不是那么合适，比如因为另一位家长打破了上下车等待区禁止停车的规矩，我们就从车里冲出来对着他大吼大叫。这种情况叫“抓狂”，这也是杏仁核给我们惹的麻烦：它接管并解除了上层脑的职能。如果并非处于危险之中，我们还是希望你三思而后行。

大脑的婴儿安全门

我们对孩子抱有同样的期望。但问题是对儿童来说，杏仁核的“起火”尤其常见，它阻断了联结上层脑和下层脑的阶梯。这好比在阶梯底部锁上了一道婴儿安全门[①]，让人无法通往上层脑。当然这又加剧了我们刚刚讨论的另一个问题：上层脑不仅还没建设好，而且就连可以起作用的那一部分也会在剧烈的情绪或巨大的压力下变得难以接近。

① 婴儿安全门：阻挡婴儿乱跑或跌落的小门，也可用于阻拦宠物。——译者注

如果你3岁的孩子因为冰箱里没有橘色冰棍而大发脾气，他的下层脑（包括脑干和杏仁核）就开始行动并锁定婴儿安全门。这部分原始大脑已经受到了强烈的能量冲击，使他无法保持心平气和。大量的能量冲到下层脑，只给上层脑留了一点点能量。因此，无论你告诉他多少次，冰箱里还有很多紫色的冰棍，哪怕上一次他还觉得紫色冰棍比橘色冰棍好吃，这个时候他却根本听不进去，甚至会为了发泄怒火乱扔东西或者朝身边的人叫嚷。

如果你正处于这种情形之中，那么试着让孩子放松，度过这场危机，在他看来这的确是一场危机。眼下最好的方法是安慰他并转移他的注意力。你可以抱他去另外一个房间，给他看点儿其他有意思的东西，或者做点儿傻里傻气、疯疯癫癫的事情以活跃气氛。你这么做是在帮他打开门，让他再次接近整合的阶梯，让他的上层脑发挥作用，从而冷静下来。

当出现的情绪问题是恐惧的时候也一样。一个原来活跃而敏捷的7岁孩子拒绝学骑自行车，是因为他的杏仁核制造出了让人无法承受的恐惧，让他虽然具备学会骑自行车的能力，却连试都不敢试一下。他的杏仁核不仅仅在楼梯底部放置了一道婴儿安全门，还在楼梯上乱扔了很多球、溜冰鞋、书籍，还有鞋子，这些障碍都来自过去可怕的经历带来的感受，让他无法启用上层脑。

针对这种情况，也有很多不同的方法可以清理通道。父母可以试着说服孩子，让他相信新的挑战会带来新的收获；父母也可以承认并讨论自己的恐惧，甚至可以用奖励来激励孩子克服恐惧。有很多方法能够帮助他清理通往上层脑的联结，让他的杏仁核闭嘴，它正在喊着他有可能从自行车上掉下来伤到自己。

想想这个信息意味着什么，实际上，我们正在努力培养的孩子还不能经常访问上层脑。所以，这些期望是不切实际的：他们是理性的，他们会调节情绪，做出正确的决定，三思而行，善解人意……所有这些都需要一个发达的上层脑来支持。很多时候，他们能在多大程度上展现出这些特质取决于他们的年龄。但是大部分孩子都不能无时无刻地发挥这项生物机能，有时候他们可以运用上层脑，有时候则不能。明白这一点，调整我们的期待，可以让我们明白，依靠孩子尚未发育成熟的大脑，他们所做的已经是最好的了。

所以，这就给了他们一张“免罪金牌”吗？（“对不起，妈妈，我喷了小狗一脸的玻璃清洗剂。我猜刚才我的上层脑没起作用。”）当然不是。事实上，这给了父母更多的激励，让父母看到孩子的发展潜力，直到他们最终做出恰当的行为。这为我们提供了一个非常有效的策略去做一些冒险的决定，尤其是在我们处于激烈的状态，比如发怒中时。

发脾气也分层次

孩子大发脾气是父母养育孩子的过程中让人最不愉快的事情之一。不管是在家里还是在外面，发脾气都可以让一个最打动我们的、露出一点儿甜美的微笑就有排山倒海般魅力的小天使，一眨眼工夫就变成这个星球上最难看、最让人讨厌的生物。大多数父母会尽最大努力克制自己心中的厌恶，因为发脾气的是他们最疼爱的小宝贝。但只有克制是不够的，弄清楚孩子发脾气的原因（即怒火从何而来），才有可能找到有效的应对方式。

大部分父母都以为，回应孩子发脾气的最佳办法就是忽略孩子的怒火。否则，你就给了孩子一个可以朝你耀武扬威的武器，而且他会一遍又一遍地使用它。

但是关于大脑的新知识是如何看待发脾气的呢？当你知道大脑分为上层脑和下层脑时，你就可以想到发脾气实际上有两种不同的类型。

上层怒火

上层怒火是一个孩子自己决定发脾气。他会有意识地选择行动，按下按钮开始恐吓你，直到得到他想要的东西。尽管他的表现很夸张，看上去也很诚恳，但只要他愿意，他其实可以随时停止发火，比如当你满足了他的要求，或者提醒他，他会失去某种宝贵特权的时候。他可以停止的原因是他正在使用的是自己的上层脑。他可以控制自己的情绪和身体，保持理性，做出恰当的决定。

孩子可能会像完全失控似的在商场里面大喊："我现在就要公主拖鞋！"但是你能够发现，她知道自己在做什么，她绝对是有策略地在采取行动，通过操纵来得到自己想要的结果：你放下一切，立刻买下那双拖鞋。

对识别出上层怒火的父母来说，只有一种回应方式：永远不要试图跟"恐怖分子"谈判。针对孩子的上层怒火，父母需要设置稳固的界限，明确地讨论什么行为恰当、什么行为不恰当。在这种情况下，最好的回应方式是冷静地向她解释："我知道你非常喜欢那双拖鞋，但是我不喜欢你这种做法。如果你现在不停下来，你就得不到拖鞋，而且我还要取消今天下午的游戏聚会，因为你让我觉得你不能控制自己。"

然后，重要的是，如果孩子仍不收敛，你就要说到做到。通过设置严格的界限，你让女儿看到了不恰当行为带来的后果，并学着去控制自己的冲动。你在教她，相互尊重的沟通、耐心等待、延迟满足才会有效，而与之相反的行为没有作用。这些是大脑发育的重要课程。

只要你拒绝对孩子的上层怒火让步，不论你的孩子处于什么年龄段，你都将看到这种情况会越来越少。因为上层怒火是蓄意的，当孩子知道这样做不仅没什么效果，而且还很可能导致负面结果时，他就会停止使用这种策略。不要以为孩子不懂这些，他们有时远比你以为的聪明。

下层怒火

下层怒火则完全不同。此时，孩子变得心烦意乱，以至根本无法使用上层脑。当你把水倒在孩子头上要给他洗头时，他变得非常生气，开始尖叫，把玩具扔出浴缸，挥舞着拳头想要打你。在这种情况下，他大脑的底层部分接管并劫持了上层脑，杏仁核功不可没。他离整合的状态差了十万八千里。

事实上，应激激素充斥着他小小的身体，他的整个上层脑几乎都不能正常运作。所以，至少在眼下，他是真的无法控制自己的身体和情绪，也根本无法使用那些高级的思维技巧，比如考虑后果、解决问题或者考虑别人的感受。他抓狂了，婴儿安全门阻挡了通往上层脑的道路，他无法使用自己的整个大脑。当你事后跟别人说你的孩子“完全失去了理智”时，

上层怒火和下层怒火

当上层脑发挥作用时，孩子可以控制自己的情绪和身体，保持理性，做出恰当的决定。而当下层脑发挥作用时，孩子无法控制自己的身体和情绪，“完全失去理智”。

你比你以为的要更科学、准确。

熄灭孩子的怒火

当你的孩子处于这种分裂的状态，下层怒火喷薄而出时，你需要以一种完全不同的方式来做出回应。对待抛出上层怒火的孩子，父母需要快速设立牢固的边界；而对待下层怒火，则需要更多的耐心和安慰。就像我们在全脑教养第1法的“聆听与关注”里面探讨过的，父母首先需要做的是与孩子建立联结，帮助他们冷静下来。通常爱抚和舒缓的语调就能做到。如果他错得离谱，有可能伤害到自己、他人或者破坏财产，你就要紧紧地抱住他，心平气和地说服他，将他拉离当时的情境。

你可以根据孩子的性格特点尝试不同的方法，但最重要的是，你要安慰他，引导他离开混乱的河岸。这时候跟他谈论后果和不恰当行为是没有用的，当他还处在下层怒火之中的时候，他根本无法处理任何信息。而理性的谈话需要依靠运转正常的上层脑来聆听和吸收信息。所以，当孩子的上层脑被下层脑劫持了的时候，你的首要任务是让杏仁核镇定下来。

一旦上层脑重新介入，你就可以开始使用逻辑和理性解决问题。（“你不喜欢爸爸这样给你洗头吗？你下次想让我怎么给你洗呢？你有什么好主意吗？”）一旦他处于更加开放的状态，你就可以谈论孩子做出的行为是否恰当，以及这些行为可能出现的后果。（“我知道水溅在你脸上让你很生气，但是打人是不对的，你可以告诉爸爸：‘我不喜欢这样，请停下来。’”）训诫孩子可以维护你的威信，这很重要，但是你可以选择一个更加明智、更加富有同情心的角度。如果在孩子的大脑处于更加开放的状态时教导他，他就更能吸取这些教训。

任何一个经验丰富的父母都知道，抓狂不是幼儿的专利。10 岁的孩子发起火来可能不太一样，但是在高度情绪化的情况下，任何年龄的孩子甚至成人都很容易被下层脑支配。这就是为什么了解上层脑和下层脑以及源于这两者的愤怒，有助于我们更有效地教导孩子。我们可以更清楚地了解，什么时候应该设置边界，什么时候应该给予关爱和同情，把上层脑“邀请”回来。

处理愤怒的情绪只是在实践中运用上下层脑知识的一个例子。在后面的“全脑教养指南”专栏中，我们来谈谈帮助孩子发展上层脑的其他方法，让上层脑更加强壮，与下层脑整合得更佳。

整合我们自己

“我的小儿子尖叫了 45 分钟而我不知道该怎么安慰他，最后我大声咆哮道：‘有时候我真讨厌你！’”

“我两岁的儿子抓伤了小弟弟的脸，抓得太狠，留下了印子。我狠狠地打了他的屁股 5 下。然后我走出房间，在走廊里消气，后来又打了他 5 下。我朝他大吼大叫，把他吓坏了。”

“我让女儿当心在秋千前跑的弟弟，但她荡秋千的时候还是差点儿撞到他。我气疯了，在公园里当着其他人的面训她：‘你傻了吗？’”

这些都是非常可怕的育儿经验，它们展现出我们被下层脑控制时的场景。这些时候我们太过失控，会对孩子说出不该说的话，做出不该做的事——我们是绝对不允许别人这么对待他们的。

上面这些忏悔来自我们认识的一些父母。你可能不相信，这些父母中的每一个人都尽心尽力地养育自己的孩子。但是和其他人一样，他们总会偶尔失手，做一些让自己后悔莫及的事。

你可以在上面的忏悔中加上你自己的“下层脑时刻”吗？当然可以。你是一个父亲或母亲，同时也是一个普通人。在同父母们交流并给出建议的时候，我们再三地看到：在高压情境下，父母也会犯错。这很正常，我们每个人都一样。

但是别忘了，养育的危机也是帮助孩子成长和整合大脑的契机。你可以利用自己失去控制的时刻，为孩子做出自我调节的示范。幼小的孩子正盯着看你如何让自己平静下来。你的行为将成为他们的榜样，教他们在情绪激动、有抓狂倾向的时刻做出正确的决定。所以，当你意识到自己被下层脑接管、开始丧失理智的时候，应该怎么做呢？

首先，不要伤害孩子。闭上嘴，避免说出会让你后悔的话。把手背在背后，避免任何粗鲁的身体接触。当你处于下层脑时刻时，要不惜一切代价保护孩子。

其次，跳出当时的情境，让自己平静下来。喘口气绝对没有问题，更何况这出于对孩子的保护。你可以告诉他你需要休息一下，以便让自己平静下来，这样他不会感到被拒绝。

再次，尽管这听起来有点儿傻，试试“运动改造大脑”技巧，做做分腿跳，试试瑜伽伸展运动，来一个缓慢的深呼吸。在杏仁核劫持了上层脑的时候，尽一切努力帮助上层脑夺回控制权。你不仅可以让自己进入一个更加整合的状态，而且可以给孩子示范一些快速调节自我的绝招，让他们自己也能用。

最后，修复与孩子的关系。尽快！一旦你觉得你平静下来可以控制自己了，要马上和孩子重新建立联结。然后再处理情感和关系上的伤害。这可能需要你表达宽恕，也需要你道歉并为自己的行为负责。这一步要尽快进行。你与孩子的联结修复得越快，你就能越早重获情感平衡，并重新与孩子享受你们的关系。

全 脑 教 养 指 南

发展孩子的上层脑

全脑教养第 3 法

动脑莫动气：唤起上层脑

问问自己，在和孩子一天的互动里，你调动了他们大脑的哪个部分：是上层脑，还是下层脑？对这个问题的思考，将帮助你在养育过程中遇到难以处理的情况时采取正确的行动，这将决定你养育的成败。下面这个发生在蒂娜身上的故事，就是一个有代表性的案例：

当时我们正在最喜欢的一家墨西哥餐馆吃饭。不知道为什么，4 岁的儿子离开了桌子，站到了 3 米远的桌子后面。我非常爱我的儿子，大部分时候他也非常可爱，然而当我看到他生气、挑衅的脸不断地朝我们吐舌头时，我脑海里出现的可不是“可爱”这个词。旁边的顾客都看着我和丈夫斯科特，想知道我们怎么处理这种情况。我和斯科特都感觉到了压力，围观的目光在审判我们，期待我们把餐馆礼仪搬出来。

在我走向儿子并且蹲下去与他对视的过程中，我清晰地看到两个选择：

选择一 走传统的“命令和要求”路线，用严厉的陈词滥调威胁他：“不许做鬼脸了。过去坐下吃你的饭，否则就不给你吃甜点了。”

有时候这可能是一个恰当的反应方式，但是对我们的小家伙来说，这种言语和非言语的对抗会引发他下层脑各种各样的反应——就是科学家称为“爬行动物脑”的部分，他会像一只面对攻击的爬行动物那样进行反击。

选择二 接近他的上层脑，努力触发理性的反应，而非对抗式的条件防御。

我在教育孩子的过程中犯过很多错误，孩子会毫无顾忌地指出来。但是就在前一天，我参加了一个针对父母的讲座，讲了上层脑和下层脑的知识，还有如何将每天的“生存时刻”转化成帮助孩子茁壮成长的机会。所以，我的儿子很幸运，这些知识还清楚地储存在我的脑袋里，我决定采用“选择二”。

我从观察到的现象入手：“你很生气，对吗？”（还记得“聆听与关注”吗？）他夸张地扭曲着脸，又开始吐舌头，大声地说：

“是的！”他没有得寸进尺，这让我大松一口气——以前他还会加一句他刚学到的最喜欢的脏话，叫我“屁股脸琼丝”（我发誓我不知道他从哪里学来的这玩意儿）。

我问他为什么生气，原来是因为斯科特让他吃掉一半油炸玉米饼之后才能吃甜点。我说我知道他为什么感到失望了：“爸爸很擅长谈判。不如你自己想想吃多少才算公平，然后再去跟他谈谈。需要帮助的话就来找我。”我揉揉他的头发，回到座位上，看着他努力思考的样子，这张脸又重新变得可爱起来。他的上层脑肯定发挥作用了，事实上正在跟他的下层脑打架呢。我们避免了一次情绪爆发，但是似乎还存在再次抓狂的危险。

大概过了 15 秒，我的儿子回来了，他用愤怒的腔调跟斯科特说：“爸爸，我不想吃一半的油炸玉米饼，我想吃甜点。”斯科特的反应完全在我意料之内：“那么，你觉得你应该吃多少才算公平？”

答案是缓慢地说出来的，但决心是坚定的：“十口。”

比这个不精确的回答更有意思的是，十口意味着他吃掉的油炸玉米饼比一半还多。斯科特接受了这个还价，儿子高兴地吃掉了十口玉米饼，接着去吃甜点。我们全家以及餐厅里的其他顾客得以享受这次午餐，事态没有进一步恶化。儿子的下层脑没有完全得逞，我们真幸运，那天他的上层脑获胜了。

“选择一”是完全正常而合理的，但是也可能因此错失一次唤醒孩子上层脑的良机。在以上情况下，蒂娜如果选择了第一种方案，那么她的儿子可能会错过了解关系与联结、沟通和妥协的机会，也可能错过意识到自己有能力做出选择、影响环境并解决问题的机会。

另外，尽管蒂娜选择了第二个方案，但她和斯科特还是得处理这次事件中儿子做出的不当行为。等儿子更能控制自己、变得更加容易开放信息的时候，他们讨论了在餐馆中保持尊重和礼貌的重要性。

这个例子说明，对上下层脑的简单觉察，可以直接而迅速地改善我们养育和教导孩子的方式。注意，当挑战出现的时候，蒂娜问自己："此时我想唤醒孩子的哪部分大脑呢？"如果蒂娜当时挑战儿子并要求他立刻改变自己的行为，她也能达到目的。

对儿子来说，蒂娜有足够的权威让儿子服从，尽管他会愤愤不平。但是这种方法会触发孩子的下层脑，愤怒和不公平的感觉会在他体内肆虐。所以，蒂娜选择帮助他全盘考虑现场情况，找到同爸爸谈判的方法，从而调动他的上层脑。

我们得明确一点：有时候在父母与孩子的交流中没有讨价还价的空间。孩子需要遵从父母的权威，这意味着不行就是不行，没有回旋的余地。如果蒂娜 4 岁的宝贝提出午饭他只想吃一口，爸爸就不会接受那笔交易。

在养育和管教孩子的过程中，我们有非常多的机会，可以在互动中调动和发展他们的上层脑。

请看图解中的案例。母亲在女儿发脾气时，并没有下最后通牒，触发女儿的下层脑。相反，她引导女儿使用精确而具体的词汇描述自己的感觉（“你是不是因为我没给你买那条项链而生气”），以此调动女儿的上层脑。接下来她邀请女儿和她一起想办法解决问题。一旦小姑娘问“我们还能怎么做呢”，妈妈就知道上层脑开始起作用了，女儿可以和妈妈一起商讨问题了，而几秒钟之前她还做不到。

每一次我们说“说服我”或者“想一个对我们俩都有好处的解决办法”，都是在为孩子提供练习解决问题和做出决定的机会。我们帮助他们学习考虑恰当的行为和后果，考虑别人的感受和需求，这些都源于我们想方设法地调动孩子的上层脑而不是触发孩子的下层脑。

图解全脑教养第 3 法

避免触发下层脑

唤起上层脑

全脑教养第 4 法

越用越灵光：锻炼上层脑

我们不仅要调动孩子的上层脑，还要帮助他们锻炼上层脑。上层脑就像肌肉，经常使用就会越来越强壮，表现越来越好；忽略上层脑，它就会停止发育，丧失能量，失去运转的能力。这就是我们所说的“越用越灵光”。

父母要有意识地发展孩子的上层脑。就像我们前面所说的，一个强大的上层脑不仅可以平衡下层脑，而且对于社交能力和情商来说是必不可少的。它是心理健康的坚实基础。我们的任务是不断给孩子提供机会，让他们锻炼上层脑，让它成长得更强壮、更有力量。

在你和孩子共度的一天中，留心观察，你就可以发现锻炼孩子上层脑不同功能的机会。让我们看下面几个例子。

明智决策

对父母来说，一个很大的诱惑就是替孩子做决定，这样孩子就会始终做正确的事情。但是我们需要尽可能多地让孩子练习自己做决定。做决定需要所谓的执行能力，即上层脑权衡不同的选择，考虑几个互相冲突的方案以及这些选择的后果，这种锻炼让孩子的上层脑得到练习、得以加强，从而运转得更好。

对于很小的孩子，你可以简单地问："你今天想穿蓝色的鞋子还是白色的鞋子？"等孩子大一点儿，你就可以让他们在做决定的时候承担更多的责任，为他们呈现一些真正有挑战性的困境。举例来说，你 10 岁的女儿面临一个日程上的冲突，她的女童子军露营和足球淘汰赛都在周六，她显然不能同时出现在两个地方，你要鼓励她做一个选择。必须放弃其中一个虽然会让她不太舒服，但是如果这个决定是她自己做的，她就会更加踏实。

对于大一点儿的孩子，在他们处理棘手的问题后给予奖励是个很好的方法。决定立刻买一款电脑游戏还是为了一辆新自行车继续攒钱，这种体验有利于锻炼上层脑。重点是要让孩子努力斟酌并接受后果。严肃对待这个练习，避免替孩子解决问题，抵制住解救他的诱惑，即使他会犯错或做出不那么好的选择。毕竟，你的目标不是让现在的每个选择尽善尽美，而是让他的上层脑在今后发展得更好。

控制身体和情绪

对小家伙来说，另外一个重要且艰巨的任务是控制自己。我们要给他们提供一些技巧，帮助他们在沮丧的时候做出正确的决定。这些技巧你可能已经很熟悉了：教他们做深呼吸，或者从 1 数到 10；帮助他们表达感受；允许他们使劲跺脚或者捶枕头。你还可以教给他们感觉失控时大脑的工作原理，以及如何避免"抓狂"。

即使是很小的孩子，也有能力停下来思考，而不是用言语和拳头伤害别人。他们不可能永远做出正确的决定，但是只要经常练习各种方法而不是一味攻击，他们的上层脑将会越来越强壮、越来越能干。

自我理解

促进孩子自我理解的最好方法就是问问题，让他们看到表象之下的实质：你为什么做出这样的决定？是什么使你有这样的感觉？你觉得这次测验你为什么没有做好，是因为急躁呢，还是测验真的很难？

一位父亲帮10岁的女儿凯瑟琳整理去露营的行李。他问她在外面的时候会不会想家，凯瑟琳模棱两可地说了一句“可能”，这在他的意料之中。紧接着他问了另外一个问题：“那你会怎么处理呢？”他又得到了一个不是答案的答案：“我不知道。”但是这一次他看到女儿开始思考这个问题，虽然可能只想了一点儿。于是他进一步追问：“如果你真的开始想家了，你可以做点儿什么让自己好受些呢？”

凯瑟琳继续往她的行李袋里塞衣服，但是她显然开始考虑这个问题了。最后她给出了一个明确的回答：“我想我可以给你写一封信，或者跟朋友做点儿有意思的事情。”

凯瑟琳和爸爸花了几分钟聊了一下她对离家的期望和担心，她对自我的了解又多了一点儿，而这仅仅源于爸爸问了她几个问题。

当你的孩子到了能写字或画画的时候，你可以给他一个日记本，鼓励他每天写点儿或者画点儿什么。这件仪式性的事情可以提升他关注并理解自己的内心世界的能力。对于更小的孩子，可以让他用画画的方式来讲故事。你的孩子越多地思考内心发生的一切，他就越具备理解并回应自己的内心和周围世界的能力。

共情力

共情力是上层脑的另外一项重要功能。问几个简单的问题，鼓励孩子考虑别人的感受，这就是在建立孩子的共情力。在餐馆里你可以问：“你觉得那个婴儿为什么哭呢？”当你们一起看书的时候，你可以问：“梅琳达的朋友搬走了，你觉得她现在是什么感觉？”离开商店的时候可以问：“那个阿姨对我们态度不太好，是吗？你觉得她有没有可能遇到什么让她伤心的事了？”

在日常生活中，仅仅是引起孩子对其他人情绪的注意，你就可以让他对他人的同情达到新的高度，并且能够锻炼他的上层脑。科学家越来越肯定，共情力的基础是一个叫作镜像神经元的复杂系统，我们在下一章会对它进行详细讨论。你让孩子的上层脑练习考虑他人的次数越多，他就越有同情心。

道德感

上述所有整合良好的上层脑的特性，最终都指向一个重要的终极目标：强烈的道德感。当孩子可以控制自己，拥有共情力与自我理解的能力，同时可以做出明智的决定，他们将发展出稳固且积极的道德感——一种超越非黑即白的是非观。再强调一下，由于他们的大脑仍未发育成熟，我们不能期望他们一贯如此表现。但是我们仍然要在日常生活的各种情境中，尽可能多地提出有关道德和伦理的问题。

另一种锻炼孩子上层脑的方法是提供虚拟情境。孩子很喜欢讨论这些话题：如果有紧急情况可以闯红灯吗？如果有一个不良少年在学校里欺负同学，而当时周围没有大人，你会怎么做？关键是要激发孩子思考该如何行动，思考他们的决定会带来怎样的影响。这个过程就是让他们练习全面地思考道德和伦理准则，在你的指导下，这些思考将为他们今后的决策方式打下基础。

当然，你还要考虑自己的行为为孩子做出了怎样的示范。当你教育他们要诚实、慷慨、善良和尊重他人的时候，确保他们看到你也在身体力行地以这样的价值观生活。你树立的榜样，或好或坏，都将明显影响孩子上层脑的发育。

图解全脑教养第 4 法

避免直接给出答案

锻炼上层脑

全脑教养第 5 法

运动改造大脑：让脑子活起来

研究表明，身体动作会直接影响大脑中的化学物质分泌。因此，当孩子丧失了与上层脑的接触时，一种帮助他恢复平衡的有效方式就是让他的身体动起来。一位母亲给我们讲了一个故事，是她 10 岁儿子的亲身经历，他在情绪激动时通过做运动恢复了自我控制。

五年级开学的第二天，利亚姆就对老师布置的家庭作业感到不堪重负。我理解他的感受，作业确实很多。他抱怨了一会儿，但最终还是回到房间奋笔疾书。

当我去检查他的进度的时候，发现他像胎儿似的蜷缩在他的豆包椅[①]里面。我鼓励他出来，回到桌子旁边，继续做作业。他不停地抱怨，说做不完："真的太多了！"我想帮助他，但他一直拒绝帮助。

然后突然间，他从豆包椅里跳出来，跑下楼，跑出房门，不停地跑。他一直跑过了附近的几个街区后才回家。

当安全地回到家的时候，他平静了下来，吃了点儿零食。我终于能跟他说上话了，问他怎么就这么跑出去了。他说他真的不

① 豆包椅：又叫懒人沙发，以小球粒填充在布料中，无骨架，低矮柔软，人坐在上面呈比较懒散放松的姿势。——译者注

知道。他说："我只是感觉跑步能让我舒服一点儿，跑得越快越好，越远越好。"我必须承认，他看起来的确平静多了，并且做好了接受我的帮助的准备。

利亚姆不明白其中的道理，其实当他离开家开始跑的时候，他就是在练习整合。他的下层脑欺压上层脑，使他感觉不知所措、孤立无援。他漂得离混乱的河岸太近了，他的妈妈没能调动起他的上层脑。但是当利亚姆将他的身体也带入情境中时，他大脑的某些东西发生了改变。经过几分钟的锻炼，他就可以平息他的杏仁核，将控制权交回给上层脑。

许多研究都支持利亚姆采取的自发策略。研究表明，当我们通过运动或者放松改变了身体状态的时候，也就改变了情绪状态。试着保持微笑一分钟，这可以让你感觉更快乐；急促、浅层的呼吸往往伴随着焦虑，如果你做一个缓慢的深呼吸，就会感觉平静一些。你可以和孩子尝试这些小练习，让他理解身体如何影响了他的感受。

身体不断给大脑发送信息。我们感觉到的很多情绪实际上是从身体开始的。甚至在我们意识到自己开始紧张之前，我们翻腾的胃和紧绷的肩膀就已经把焦虑的身体信号发送给大脑了。能量流和信息流从身体传送到脑干，进入掌管情绪的大脑边缘系统，然后进入大脑皮质，改变我们的身体状态和情感状态，甚至改变我们的思想。

跑步的神奇效果

利亚姆身上发生的变化，实际上是他身体的运动帮助他进入了一种整合的状态，让他的上层脑、下层脑以及身体可以重新以有效、健康的方式运转。当他不知所措的时候，能量流和信息流被阻断了，从而导致了分裂。用力地移动身体将他愤怒的能量和压力部分释放，让他放松下来。所以，等他跑完步，他的身体向上层脑发出了“平静”的信号，他的情绪重新获得平衡，大脑的不同部分和身体重新以整合的方式行使职能。

下一次当你的孩子需要从暴躁情绪中安静下来或者需要重新获得控制感时，努力想办法让他们动起来。对年龄小的孩子，可以尝试点儿新鲜玩意儿，来点儿小花招。游戏本身的乐趣加上孩子身体的运动，可以彻底改变孩子的思维方式，让你们一起相处的时光更加愉快。

这项技巧也适用于年龄大一点儿的孩子。我们认识的一位少年棒球联盟的教练了解“运动改造大脑”的原理，在一场锦标赛中，他的小队员们灰心丧气，在赛场上都跑不起来了，于是他让他们在球员席原地跳跃。而运动给男孩的身体、大脑注入了兴奋和新的能量，他们的状态回来了，最终赢得了比赛。为神经科学的胜利记上一笔！

有时候你也可以对孩子简单地解释说：“我知道不能跟姐姐一起去朋友家过夜你很生气。你觉得这不公平，对吗？不如我们出去骑着自行车聊聊天吧。有时候让身体动起来可以让人感觉好受一些。”不论你怎么做，关键都是要帮助孩子通过运动身体来重新获得某方面的平衡和控制，这样可以清除障碍，为孩子铺平重回整合的道路。

图解全脑教养第 5 法

避免命令和要求

尝试运动改造大脑

全脑儿童

教孩子整合自我的不同部分

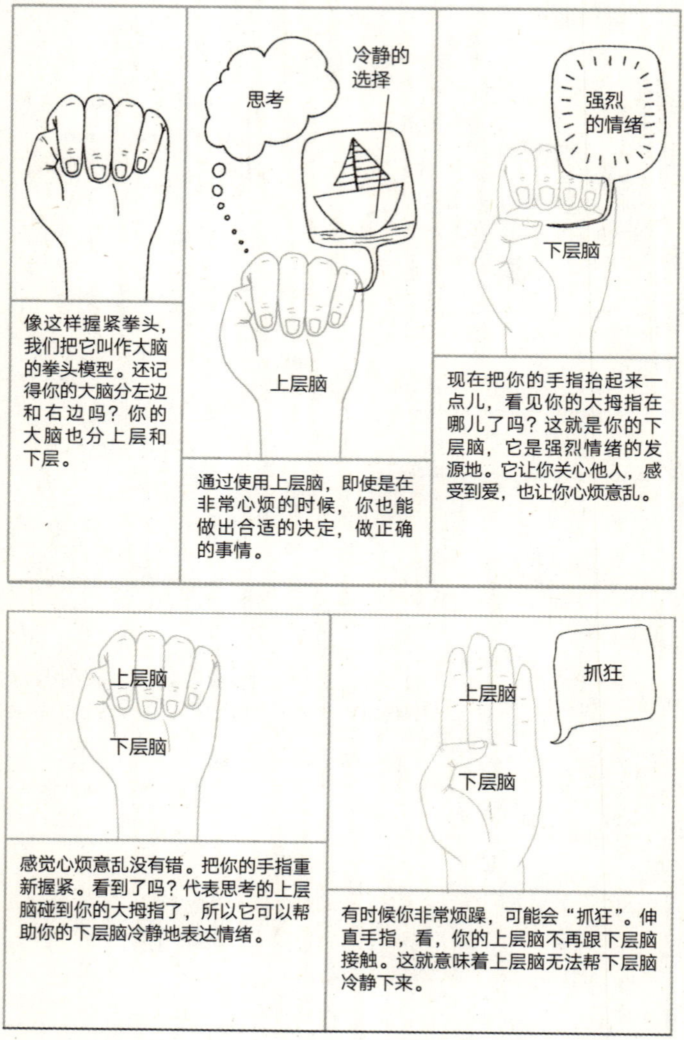

案例

妹妹弄坏了杰弗里的乐高积木塔。他开始抓狂，想朝妹妹尖叫。

但是杰弗里的父母教过他，如果让上层脑掌控下层脑，就能让自己平静下来。尽管杰弗里很生气，但是他没有朝妹妹大喊大叫，而是告诉她他很生气，让父母把妹妹从他的房间里抱出去。

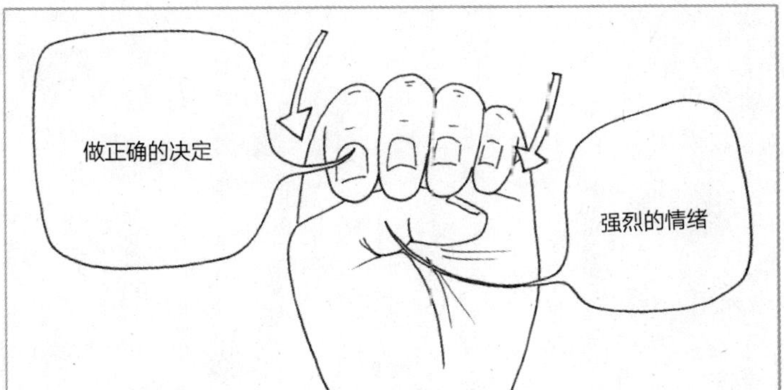

所以，下回你感觉自己的情绪要爆发时，用拳头做一个大脑模型。记住这是一个大脑模型，而不是愤怒的拳头！把手指伸直，然后慢慢放下来，让它们盖住你的大拇指。这会提醒你运用上层脑来平息来自下层脑的强烈情绪。

THE WHOLE-BRAIN CHILD

4

给孩子创建完整的心理拼图

整合记忆

当孩子受过去负面经历的影响而感到痛苦时，他需要的不是忘记过去，而是以完整、连贯的方式重现那段经历，并记住其中最重要和最有价值的体验。通过整合记忆，孩子能理解自己内在的心理，从而控制自己的思想和行为，并对当前的事情做出理性的反应。

“这个夏天我绝对不去上游泳课！”

蒂娜的7岁儿子义正词严地宣布。他坐在饭桌边，阴沉着脸，斜着眼睛怒视着爸爸妈妈。

蒂娜看着斯科特，他耸了耸肩，好像在说：“好吧，让我来。”

“宝贝儿，你不是喜欢游泳吗？”

“没错，老爸，重点就在这儿，”儿子甚至带着点儿嘲讽的语气，“我已经会游泳了。”

斯科特点头说道：“我们知道你会游泳，但上课会让你游得更好。”

蒂娜补充说：“而且亨利也在上这门课，下周你就可以天天跟他一起玩了。”

儿子猛摇头：“没门儿！我不在乎。”他低头看着自己的盘子，坚定的声音里流露出一丝恐惧，“求你们别逼我去了。”

斯科特和蒂娜交换了一下眼色，说他们会再考虑一下，待会儿再讨论。但是他们真的很震惊：儿子居然会拒绝跟自己最好的朋友亨利一起玩，而且还是做运动，这绝对是第一次。

所有的父母都会遇到类似的情形，孩子的反应弄得他们不知所措。当孩子害怕、生气、沮丧或被其他强烈的情绪所笼罩，行为变得难以理解时，原因可能很简单，比如他们只是饿了，累了，或者坐车时间太长了，或者只是因为他们才两岁（或3岁、4岁、5岁……15岁）。但是更多的时候，孩子反常的行为有更深层的原因。

比如，当蒂娜和斯科特当晚再聊这件事时，他们一致认为孩子出人意料的右脑式反应很有可能来自三年前一次有点儿惨痛的经历，这一点可能连孩子自己都没有意识到。蒂娜知道这是教给儿子一些有关大脑的重要知识的好时机，于是当晚睡觉之前她采取了行动。在描述蒂娜与儿子这场对话的具体情况之前，我们有必要先解释一下蒂娜试图通过谈话达到的目的。她知道，帮助孩子处理复杂体验的一个好办法，就是了解一些关于记忆如何在大脑中运作的科学知识。

记忆和大脑：两个传说

记忆传说之一

传说一 记忆是一个心理档案柜。当你回想第一次约会或孩子出生时的情形时，你就打开了大脑中相应的文件抽屉，唤起了记忆。

如果事实真像“传说一”说的那样，那就好办了，可惜我们的大脑并不是这么运作的。你的大脑中并不存在几千个小小的“记忆文件夹”，等着你接近它们，意识到它们，然后思考它们。相反，记忆只不过是联想。作为一个联想机器，大脑处理当下的某种信息——一个想法、一种感觉、一股气味、一个形象时，会将这种体验与过去类似的体验联系起来。这些过去的体验会对我们产生强烈的影响，影响我们对现在所看到或感觉到的东西的理解。这种影响之所以存在，是因为大脑中各种神经元（或脑细胞）相互联结在一起，共同形成了联想机制。因此，从本质上说，记忆就是过去影响现在的方式。

想象一下，如果你不经意间在沙发坐垫之间找到一个旧的安抚奶嘴，这会激起你怎样的情绪和回忆？如果你家宝宝还小，可能不会有什么了不得的触动；但是如果小家伙吮吸安抚奶嘴的日子已经过去好些年了，那么你很可能淹没在各种伤感的联想之中。你可能会回想起这个小东西在刚刚出生的宝宝的小嘴里显得很大的样子，或者在宝宝拿它喂小狗时你闪电般地冲过去把它抢走的场景，还有宝宝彻底戒掉安抚奶嘴的那个哭闹不已、一家子不得安宁的晚上。在你找到这个安抚奶嘴的刹那，各种关于过去的联想飞快地闪回，进入你的意识，强烈地冲击着你当下的情感。这就是记忆的本质——联想。

不用想得太复杂，这就是大脑中所发生的：当我们经历某种体验时，神经元就会“开火”，即被电信号激活。当这些脑细胞“开火”时，它们就会与其他神经元联结起来。这些联结会制造联想。正如我们在引言中解释过的，由于神经元随着我们的体验持续不断地被联结（和断开），所以每一种体验都会切实改变大脑的物理结构。神经科学家们用神经元“一齐开火，一齐串联”这个生动的描述来解释这种过程。换句话说，每一种新的体验都会导致某一类神经元“开火”，并与其他同时“开火”的神经元联结在一起。

你一定也有这样的经验吧？比如只要说到咬一口柠檬，你立刻就会口水直流；偶然间听到车上播放的某一首歌，瞬间你就会穿越回尴尬慢舞的高中时代。

> 还记得那次在你 4 岁的宝贝上完芭蕾舞课之后，你给了她一片泡泡糖吗？从那时起，每节芭蕾舞课后她都期待着什么？没错，是泡泡糖。为什么呢？因为她的“芭蕾舞课结束了”神经元“开火”了，联结上了“得到泡泡糖”的神经元。神经元“一齐开火，一齐串联”。

这就是记忆的运作方式。一种体验导致一类神经元启动，这类神经元会和另一种体验的神经元联结起来。然后，每当我们经历前一种体验，大脑就会自动联结上后一种体验。

因此，当芭蕾舞课结束时，孩子的大脑就会触发得到泡泡糖的期待。引起触发的东西可能是一个内在事件，一个想法或一种感觉，也可能是一个让大脑联想起往事的外在事件。总之，这个被触发的记忆会建立对未来的期待，大脑对未来的期待总是基于过去的经历。**记忆促使我们期待下一步将要发生的事，从而塑造了我们对当下的感知。**我们的过去确实塑造了我们的现在和未来，而这是通过大脑中的联想机制实现的。

记忆传说之二

传说二 记忆像一台复印机。当你唤起记忆时，脑海里将精确再现过去发生的事：你将看见自己第一次约会时傻乎乎的发型和衣服，嘲笑自己的紧张；你将看见医生抱起你的新生宝贝，再次体会到那一刻的激动情绪。

同样，这也不是真实的情况。傻乎乎的发型和衣服也许确实在你第一次约会时存在过，但记忆并不是过去事件的精确再现。在你追溯一段记忆的同时，你也改变了这段记忆。你回忆起的东西可能跟真实发生的事情非常接近，但每一段回忆都有改编的成分，有时甚至与真相大相径庭。科学地说，回忆所激活的神经元簇与事发当时编码而成的神经元簇很相似，但并非同一个。因此，不论你如何坚信自己记得很清楚，记忆都是扭曲的，只是这种扭曲有时轻微、有时显著而已。

你肯定有过这样的经历：你对兄弟姐妹或配偶说起过去的什么事，他们却说“才不是那样的”。你编码这段记忆时的心理状态和回忆时的心理状态，影响和改变了这段记忆本身。因此，你叙述的故事更像是历史小说，而非真正的历史。

接下来，在讨论孩子过去的经验对他们的影响时，请把这两个传说记在心里。记住，记忆不过是大脑中的联结，而非排列整齐、随时可用的文件夹；被我们事后唤起的记忆是脆弱的，很容易被扭曲，而非往事的精确再现。

记忆的真相：外显记忆与内隐记忆

回忆一下你给宝宝换尿布的经历。站在尿布台边时，你并不需要刻意对自己叙述整个流程："先把宝宝放在垫子上，解开他的衣服，把湿尿布拿出来，把干净尿布放在宝宝屁股下面，然后……"

在给宝宝换尿布的时候你不需要指示自己，直接做就是。你已经换过很多次了，根本不用思考自己在做什么。你的大脑中让你解开衣服、取出湿尿布、放上干净尿布等一系列动作的神经元簇已经"熄火"了，你根本意识不到自己正在"回忆"如何换尿布。这是记忆的一种形式：过去换了无数次尿布的经验影响了你现在正在换这一块尿布的行为，而在这个过程中你根本意识不到记忆的存在。

另外，如果你回忆的是第一次给宝宝换尿布的经历，你可能就需要停下来想一想。通过搜索记忆，一个画面跳了出来：你紧张兮兮地抓住宝宝的脚踝，畏缩地看着尿布里的脏东西，挣扎着想搞清楚接下来应该怎么做。当你刻意地回想这些景象和情绪时，你才会意识到你正在回忆过去的事情。这也是记忆，但与让你不假思索就能换尿布的记忆是不同的。

这两种记忆在你的日常生活中交织混杂，共同运行。让你不假思索就能换尿布的记忆叫作内隐记忆，让你回忆起第一次学习换尿布的情景的记忆叫作外显记忆。通常当我们说到记忆时，一般是指外显记忆，即在意识层面回想起过去的经验。但是为我们自己和孩子的利益着想，最好对内隐记忆与外显记忆都有所了解。通过充分掌握这两种不同的记忆，我们能够满足孩子在成长过程中的各种需求，并能处理复杂的体验。

内隐记忆的“点火”机制

让我们先来看看内隐记忆，它甚至在我们出生之前就已经形成了。下面是我在家里做的一项非正式“研究”：

> 我妻子怀孕的时候，我常常唱歌给肚子里的孩子听。这是一首古老的俄罗斯歌曲，过去我的祖母曾经唱给我听，歌曲表达了一个孩子对生活和母亲的爱——“希望阳光永远灿烂，希望日子永远甜蜜，希望妈妈永远陪伴，希望我快乐一如往昔。”在妻子怀孕的最后三个月，我知道孩子的听觉系统已经发展起来了，声音可以通过羊水传递给孩子，我开始用俄语和英语给孩子唱这首歌。
>
> 我们有两个孩子，在每个孩子出生后的第一个星期，我都邀请一位同事参与“研究”。我明白这不是控制实验，但很好玩。在不告诉同事妻子怀孕期间我唱了哪首歌给孩子听过的情况下，我依次唱了三首不同的歌曲。毫无疑问，当孩子们听到熟悉的那首歌时，他们的眼睛张得更大，显得更留心，因此同事能够轻易

识别出他们注意力水平的变化。当他们在妈妈肚子里听到我唱歌时，一个知觉性记忆就已经形成了。现在孩子们不准我唱歌了，我想也许我的声音在羊水中听起来更动听一些。

新生宝宝能够辨识我的声音和这首俄罗斯歌曲，是因为这些信息已经被编码为内隐记忆存入了他们的大脑。我们终生都在编码内隐记忆，而且在生命的头 18 个月里我们只能编码内隐记忆。一个婴儿编码的内隐记忆包括家和父母的气息、味道及声音，饿的时候肚子里的感觉，喝到热奶时的巨大幸福感，某位亲戚到访时妈妈的身体突然僵了一下……我们的知觉、情绪、身体感觉，以及成长过程中诸如学习爬行、走路、骑自行车和最终学习换尿布等行为，都编码进了内隐记忆。

父母们应该记住，对理解内隐记忆极其关键的一点是，以过去的经验为基础的内隐记忆，使我们对世界的运转方式产生期待，尤其是当涉及孩子与孩子的恐惧时。

外显记忆与内隐记忆

外显记忆指在意识层面回想起的过去的经验。内隐记忆以过去的经验为基础，使我们形成对世界运转方式的期待，为我们建立某种特定的心理模式。

还记得芭蕾舞课和泡泡糖之间的联系吗？由于神经元“一齐开火，一齐串联”，我们在过去经验的基础上建立了特定的心理模式。如果你每天下班回家后都拥抱你的小孩，他就会建立这样一种心理模式，即你回家就代表爱与联结。这是因为内隐记忆建立了一种叫作“点火”的机制，让大脑准备好以某种方式做出反应。他不仅在你打开家门时已经让内在世界“点火”，准备好接受这个爱的表示，甚至在听到你的汽车驶近时，他已经充满期待地张开了双臂。

在孩子的成长过程中，点火机制还会启动更多复杂的行为。数年之后，如果一位钢琴老师经常批评孩子的表演，他就会创建出“不喜欢钢琴”甚至是“没有音乐细胞”的心理模式。这一过程更极端的后果是创伤后应激障碍，一次令人困扰的经历被编码为内隐记忆进入大脑，一点儿声响或一个场景就能在这个人意识不到的情况下触发这段可怕的记忆。内隐记忆本质上是一种保障我们的安全、让我们远离危险的进化机制。它让我们可以更迅速地做出反应，或者甚至在不需要主动回忆过去相似经验的情况下就能自动对危险场景做出反应。

怎样探索内隐记忆

对父母来说，这意味着当孩子以看似不寻常、不合理的方式做出反应时，我们需要考虑一下，是否某段内隐记忆为孩子建立了某种心理模式。我们需要帮助他们去探索，而蒂娜正是这样做的。当晚，在安顿儿子上床后，她跟他聊了聊游泳课的事。

蒂娜：能告诉我你为什么不想去上游泳课吗？

儿子：我不知道，妈妈。我就是不想去。

蒂娜：你在害怕什么吗？

儿子：也许吧。我觉得很紧张。

蒂娜：那我们来讨论一下紧张的问题吧。你知道吗？你的大脑会想起一些事情，甚至连你自己都没有意识到。

儿子：不明白。

蒂娜：好吧，我换种说法。你还记得以前上游泳课时发生的不好的事情吗？

儿子：记得。

蒂娜：你还记得那个地方吗？

儿子：他们对我们很凶。

蒂娜：那些老师很严格。

儿子：他们把我从跳水板上推下去，把我的头按在水里，我憋了很久的气。

蒂娜：这已经是很久以前的事了，不是吗？我认为你现在不想去上游泳课跟这有很大关系。

儿子：你真的这么认为吗？

蒂娜：是的，你知道吗？很多时候当你做一件事情时，不管你觉得愉快还是糟糕，你的大脑和身体都能记住它们，所以当我说“道奇体育场”的时候你笑了。你察觉到你的内心发生了什么吗？你的大脑和身体在说什么？你感觉到了什么？

儿子：兴奋？

蒂娜：是的，都写在脸上了。你现在还觉得焦虑吗？

儿子：不了。

蒂娜：那么如果我说“游泳课”呢？你的感觉有变化吗？

儿子：嗯，有！

蒂娜：焦虑又回来了？

儿子：是的。我不想去。

蒂娜：我想这才是真相。你的大脑很神奇，它的一个重要工作就是保障你的安全。你瞧，你的大脑总是在检查各种事情，然后说“这不错”或“这很糟”。所以，当我说“道奇体育场”的时候，你的大脑就说：“太好了！我们去吧！那个地方很棒！”但是当我说“游泳课”时，你的大脑就说：“坏主意，别去！”

儿子：是的。

蒂娜：当我说“道奇体育场”的时候你的大脑这么兴奋是因为你曾经在那儿很开心。你可能不记得每场比赛的细节，但是你总体上感觉很棒。

你明白蒂娜是怎么打开这个话题的了吧？就是建立一个观念，即某些记忆能够在我们意识不到的情况下影响我们。你应该看得出来她的儿子为什么如此害怕上游泳课，而且最大的问题就在于他并不知道自己的紧张来自何处，他只知道自己不想去，却不知道自己为什么不想去。但是当蒂娜解释了他的感觉从何而来之后，他开始学习有意识地控制在头脑中发生的事情，从而重新建构自己的经验和感觉。

他们还聊了很多，然后蒂娜教给他一些实用的办法，让他能够应对游泳课上的紧张，在后面的内容中我们将介绍这些办法。下面是这场谈话的后半部分。

蒂娜：好了，现在你知道你害怕是因为过去不好的经验。

儿子：是啊，可能吧。

蒂娜：但是你已经长大了，更聪明了，你可以用一种新的方式来看待游泳这件事。我们来想办法让你感觉好一些。想想过去关于游泳的美好的回忆。你能想起来一次有趣的游泳经历吗？

儿子：当然，上周跟亨利一起游泳就很开心。

蒂娜：没错，很好。而且你还能跟你的大脑说话。

儿子：啊？

蒂娜：真的，实际上这是你能够做的最棒的事情之一。你可以说："大脑，谢谢你想要保护我的安全，但是我再也不用害怕游泳了。这次的课程有新的老师、新的泳池，而且我已经是一个会游泳的孩子了。所以，大脑，我现在要做几次缓慢的深呼吸，把紧张赶出去。然后我要尽情回忆跟游泳有关的好事儿。"跟大脑说话是不是有点儿怪啊？

儿子：有点儿。

蒂娜：我知道，这很有意思，也有点儿怪，但你看见它的作用了吗？你能跟你的大脑说点儿什么，让你的身体平静下来，对上游泳课感觉安全一点儿、舒服一点儿？你可以在心里说点儿什么吗？

儿子：那些糟糕的游泳课已经过去了。现在的游泳课是新的，而且我喜欢游泳。

蒂娜：太对了。因为你总体上对游泳的感觉是……

儿子：棒极了！

蒂娜：真棒！现在我们再做一件事。如果我们去上游泳课的时候，你又开始觉得紧张，你可以跟大脑说些什么呢？比如暗号什么的，让它提醒你糟糕的感觉已经过去了。

儿子：我不知道。“干掉焦虑”怎么样？

蒂娜：因为那些焦虑属于很久以前，你现在不再需要它们了，对吗？

儿子：没错。

蒂娜：棒极了！我很高兴你现在能够笑起来了。但是我们能想一个听起来不那么暴力的暗号吗？“赶走焦虑”或者“放松心情”怎么样？

儿子：我比较喜欢“干掉”。

蒂娜：好吧。那就“干掉焦虑”吧！

注意，蒂娜做的主要是告诉儿子他的恐惧来自何处。她用讲故事的方式让儿子的内隐记忆外显化并且富有意义，从而让这些隐藏的力量不再影响到他。一旦关于不愉快的游泳课的内隐记忆被带进意识层面，他就能够轻易地处理当下的恐惧。这种从内隐记忆到外显记忆的转换正是整合记忆能够带来洞察、理解甚至疗愈的真正力量所在。

整合内隐记忆与外显记忆

内隐记忆通常是积极的，对我们有利。如果我们一直被爱着，就会满心期待被周围的人所爱。如果受伤时父母总会来安慰我们，我们就会相信自己总是能够得到安慰，因为大量积极的内隐记忆储存在我们的大脑之中。但是内隐记忆也可能是消极的，如果在我们遇到困难的时候，父母总是刺激我们或表现冷漠，我们就会不断体验到负面的感受。

内隐记忆的问题在于，尤其是当这段记忆来源于一个痛苦或消极的体验，且我们意识不到它的存在时，它就会成为一颗地雷，以严重甚至是打击性的方式限制我们。无论我们是否意识得到，大脑都记得很多事情，因此当我们经历困难之时，无论是扭伤脚还是所爱之人去世，这些痛苦的事件都会深深地植入我们的大脑，对我们造成深远的影响。即使并不清楚过去的源头事件，内隐记忆仍然能够制造恐惧、回避、悲伤和其他痛苦情绪及身体感觉。这能够解释为什么孩子甚至大人常常莫名其妙地对某些情境反应激烈。如果不能理解自己的痛苦记忆，孩子就可能受睡眠障碍、损耗性恐惧症[①]及其他问题困扰。

那么，当孩子因为受到过去负面经验的影响而感到痛苦时，我们应该如何帮助他们呢？这里有一个好办法，我们可以将“意识之光”带入孩子的内隐记忆，将内隐记忆外显化，以便孩子能够意识到并主动处理它们。有时候父母会希望孩子简单地将经历过的痛苦经验“忘掉”，但孩子真正需要的，是父母教会他们以健康的方式整合内隐记忆和外显记忆，将痛苦的体验转化为力量与自我理解的源泉。

① 损耗性恐惧症：指可导致患者机体衰弱如严重消瘦等的恐惧症。——译者注

大脑中有一个部分，它的功能就是整合内隐记忆和外显记忆，让我们更加了解自己和这个世界。这个部分叫作海马，我们可以把它看作记忆提取的“搜索引擎”。海马与大脑的不同部分共同运作，将内隐记忆中的所有形象、情绪和感受汇合到一起，组合为完整的图像，从而形成对过去经验的外显式理解。

我们可以把海马想象成一个专业拼图高手，它负责把内隐记忆的碎片拼凑起来。当过去经验的形象和感受仅为内隐形式、还没有被海马整合时，它们各自独立地分布于大脑中，完全乱作一团。内隐记忆以散乱的拼图碎片形式存在，而非一整套清晰完整的拼图。我们的经历明确地定义了我们是谁，然而我们对这个过程缺乏清晰的了解。更为严重的是，这些仅以内隐形式存在的记忆仍会继续影响我们看待当下现实的方式。它们始终影响着我们对自我形象的感知，而且我们根本意识不到它们影响了我们与世界互动的方式。

海马

记忆提取的“搜索引擎”。它与大脑的不同部分共同运作，将内隐记忆的所有形象、情绪和感受汇合到一起，组成为完整的图像，从而形成对过去经验的外显式理解，以此帮助我们反思内隐记忆对生活的影响。

因此，将内隐拼图组合为外显图像是非常重要的，这样我们才能反思它们对我们生活的影响。这正是海马的功能，它将内隐记忆和外显记忆整合起来，让我们主动书写自己的生活故事。蒂娜跟儿子讨论他对游泳课的可怕联想，正是在帮助他的海马发挥功能。蒂娜的孩子不太费劲地就完成了将内隐记忆转换为外显记忆的过程，然后他就可以处理自己的恐惧，并弄清楚过去的痛苦经验如何影响了现在的自己。

如果我们没有为孩子提供一个空间，不允许他们表达自己的感受或回想他们遇到的让自己备感压力的事件，内隐记忆就会保持分散的形式，从而让孩子无法理解自己的经历。但是，如果我们帮助孩子将过去整合进现在，他们就能够理解自己内在的心理过程，并且学会控制自己的思想和行为。你越是促进孩子记忆整合能力的发展，那么孩子由于过去的遗留问题而对现在的事件做出非理性的反应就越少。

我们并不是说，记忆整合是亲代抚育的万能秘诀，能够阻止孩子所有的情绪爆发和非理性反应。但记忆整合是一个处理过去经历的强大工具，如果了解了它，等到下次孩子再莫名其妙地反抗你时，你就知道它带来的好处了。但是，若你 5 岁的孩子在组装天行者卢克的陆地飞车时找不到车灯，失控地大叫“愚蠢的乐高”，这并不意味着乔治·卢卡斯[①]激起了他的某些内隐记忆。别急着钻牛角尖，冷静下来，考虑以下几种最基本的情况：你的小绝地武士是不是只是饿了、生气了、孤单了或者累了？如果是这样，这些问题就很容易解决。给他一个苹果，听他倾诉，花几分钟陪陪他，帮他找找丢了的零件，或者早点儿哄他上床——他休息好了就没事了。

通常孩子已经尽力了，他们只是需要我们在场，满足他们的基本需要。当你了解了大脑，也考虑到我们提供的信息的时候，别忘了最简单、最明显的原因，即那些你已经知道的小事情。常识总能派上用场。

如果你肯定正在发生的不是小事，那么最好回顾一下可能对现在造成影响的过去的事情。有可能根本找不到跟孩子的反应有关的过去的具体事

① 乔治·卢卡斯，《星球大战》系列电影的导演。——编者注

件，因此不要刻意制造本来就不存在的联系。但是如果你感觉到一件往事可能影响到了孩子的行为，则可以采用以下一些实用的办法，教他运用一些能够帮助他整合自己的内隐记忆和外显记忆的工具，让他在应对当下情境的过程中更有控制感。

整合我们自己

不是只有小孩的记忆才会在意识不到的情况下侵扰自己的生活，父母们也是一样。内隐记忆会影响我们的行为、情绪、感知甚至身体感觉，我们却意识不到这种影响来自过去。

未经审视或未整合的记忆，对想过健康、理智的生活的成年人也会造成各种问题。但是这些隐藏的记忆对为人父母者来说尤为危险，具体有两个原因：

- **孩子在非常小的时候就能捕捉到我们的恐惧、悲痛、不满等感受，即使连我们自己都没有意识到这些感受。当父母情绪不佳时，孩子也很难保持平静和快乐。**
- **内隐记忆促使我们以一种并非出自自己意愿的方式来做出反应。以往那些被他人或父母所忽视、遗弃或贬低的感受，会阻碍我们以一种成熟、关爱和尊重的态度来与孩子互动。**

因此，当下一次你发现自己对孩子的反应过于强烈时，问问自己：“我现在的反应合理吗？”

答案可能是："是的，最小的那个哭个不停，3 岁的这个把炉子画成了蓝色，8 岁的这个也不帮我管管，只会看电视。我现在有想把什么东西从窗户扔出去的感觉是完全合理的！"

但在其他时候，答案可能是："不，这些感觉没有道理。女儿今天晚上想要她爸爸而不是我给她讲故事，这很正常，我没有理由感觉受伤。我根本没有必要如此难过。"基于你现在对内隐记忆的了解，这样一个觉察就是深入反思的机会。当你做出某种无法解释又难以理解的行为时，你应该问问自己："现在发生了什么？我能因此联想到什么？我的这些感受和行为是从哪里来的？"

通过整合内隐记忆和外显记忆，把意识之光照进过去的痛苦时刻，你能够觉察到你的过去如何影响了现在你与孩子的关系，可以对你的问题可能会对自己和孩子的情绪造成的影响保持警觉。当你感觉到无助、沮丧或反应过度时，看看那些感受的背后是什么，探索它们是否与过去的事件有关。然后你就能把过去的经验带到今天，将它们融入你的整个生命历程。当你做到这一点的时候，你就能自由地成为你想成为的那种父母。你将找到生命的意义，这也将有助于你的孩子找到他们的生命意义。

全 脑 教 养 指 南

帮助孩子整合内隐记忆与外显记忆

全脑教养第 6 法

思维遥控器：重演记忆

促进记忆整合最有效的方法之一就是讲故事。在第 2 章里，我们讨论了讲故事对于整合左脑与右脑的重要性，它同样也是整合内隐记忆与外显记忆的有力工具。但是，有些时候，如果孩子正受到过去某个痛苦经历的强烈影响，他可能还没有准备好去回忆整个经历。

在这种情况下，你可以引导他打开自己内在的“DVD 播放器”，并且教他运用遥控器在脑海中重演这个经历，还可以快退或快进。就像你有可能在看电影时通过快进跳过恐怖镜头或重放最喜欢的场景一样，在孩子重访一段不愉快的记忆时，思维遥控器可以给孩子带来一些控制感。下面这个故事中的父亲就使用了这个技巧。

大卫被 10 岁的儿子伊莱吓了一跳，伊莱居然说他不想跟他的小童子军一起参加今年的“松木车大赛”。大卫颇为震惊，因为伊莱每年冬天最兴奋的事情之一就是跟老爸一起，把一块松木雕刻、塑形、油漆成一辆跑车。在与儿子聊过几次之后，大卫发现伊莱不愿意靠近做木工的工具，特别是有刀片的工具。于是，大卫推测伊莱的新恐惧症跟他几个月前的一段遭遇有关。

去年夏天，伊莱曾在未经父母允许的情况下将随身小折刀带去公园。他和朋友雷恩拿小折刀削东西，玩得很开心，结果发生了意外。雷恩在削一截小树根的时候，刀子直接扎穿树根刺到了他的腿上，他流了很多血，被救护车送进了急诊室。缝了几针之后，雷恩没事了，看上去也没被吓着，但是伊莱在家里等候雷恩的消息时却超级痛苦。伊莱是一个有同情心和责任感的孩子，他无法原谅自己擅自把小刀带到公园，伤害了他的朋友，造成了这么多麻烦。

两个孩子的父母为了更好地解决问题，当晚就把他们带到一起，让他们讨论事情发生的经过，他们看起来都没事了。但是几个月之后，这段记忆显然对伊莱产生了影响，而他自己却不知道。他完全没有意识到他害怕木工工具是因为过去关于雷恩和小刀的事情。

大卫决定帮助伊莱把这段内隐记忆转变为外显记忆。他把儿子叫到花园里，那里已经装备好了工具。一走进花园看到电锯，伊莱就睁大了眼睛，大卫看出了他的恐惧。伊莱故作镇定地说："爸爸，我今年不想参加松木车大赛了。"

大卫用最温柔的声音说："我知道，儿子，而且我想我也知道为什么。"

大卫告诉伊莱赛车和小刀事故之间的联系，但是伊莱否认了这种解释。他说："不是这样的，我只是最近在学校很忙。"

但是大卫步步紧逼："我知道你很忙，但是我认为不只如此。我们再谈谈那天公园的事吧。"

伊莱的脸上再次流露出恐惧："爸爸，这已经是很久以前的事了，我们没必要再提了。"

大卫让伊莱放心，然后教给他一个处理痛苦记忆的有用技巧。他说："我要按照你当时跟我说的从头讲一遍这件事，我要你在脑子里想象整个过程，就像看 DVD 一样。"

伊莱打断了大卫："爸爸，我真的不想。"

"我知道你不想，"大卫说，"但我还没说完呢。我要你想象自己拿着一个遥控器，当我讲到你不愿意回想的部分时，你就说'暂停'，我就会停下来，然后我们把这个部分快进过去。可以吗？"

伊莱慢慢地说："好吧。"他用的是那种孩子们认为一个请求很疯狂时常用的语气。大卫开始讲述整件事情。当他说到"然后雷恩捡起一截小树根，开始切它"时，伊莱插话了。

"暂停。"他小声而坚定地说。

“好的，那我们快进到医院的部分。”

“爸爸。”

“那么快进到雷恩回家的部分？”

“爸爸。”

“快进到他那晚上到我们家里来？”

“好吧。”

于是大卫讲述了两个朋友的欢乐重聚——他们互相问好，然后一起去玩电子游戏。大卫着重强调，雷恩和他的父母都不生伊莱的气，他们认为整件事情是一个意外。

大卫看着他的孩子：“所以就是这样了，对吗？”

“嗯。”

“除了我们省略的部分。”

“我知道。”

“让我们倒回暂停的部分，看看发生了什么。记住，我们已经看到了，这件事的结局是好的。”

“好的。”

大卫陪着伊莱再次回顾了这件事情中最令人痛苦的部分，伊莱又“按”了几次“暂停键”。最终他们回顾完了整件事情，在这个过程中，伊莱不知不觉放下了对刀和切割的恐惧。当他们回到圆满结束的部分时，大卫看到伊莱浑身的肌肉放松了，声音中的紧张也明显减轻了许多。

接下来几周，他们又回到这件事情上，重新讲述它。有刀在身边的时候伊莱仍然会有点儿紧张，但是在父亲的帮助下，伊莱的海马将他的内隐记忆整合进了外显意识。最终，伊莱能够处理这些重新浮出水面的情绪了。后来，他和爸爸制造了最好的松木车，并且给它取名为“谁敢来挑战”①，用恐怖的字体把名字刷在车体两边。

记住，你的目标是帮助孩子找出那些在他们意识不到的情况下影响他们的痛苦经验，并且让那些经验外显化，也就是捕捉到那些分散在他们头脑中的拼图碎片，让完整的拼图清晰而有意义地呈现出来。

一旦教会他们使用思维遥控器来控制大脑中的DVD播放器，复述的过程就会变得没那么可怕，因为这赋予他们控制力，从而让他们能够以自己的节奏来参与互动。即使没有马上一幕幕地重新体验整个事件，他们也能正视令他们恐惧、愤怒或沮丧的经验。

① fear factor，直译“恐怖因素”，中文译名“谁敢来挑战”，是美国一个真人秀节目，参加者将接受各种恐惧考验，最后的获胜者将得到巨额奖金。——译者注

图解全脑教养第 6 法

避免快进和遗忘

重演记忆

全脑教养第 7 法

提问和鼓励：加深记忆

记忆对大部分人来说是自然而然的，但是与大脑很多其他功能一样，练得越多，记忆也越强大。也就是说，如果多训练孩子的记忆，比如通过让他们讲述自己的故事，就能增强他们整合内隐记忆与外显记忆的能力。

因此，我们的第二个建议很简单：加深记忆。在你们一起进行各种活动时，帮助孩子讲述他们的体验，让他们整合自己的内隐记忆和外显记忆。尤其要记住他们生命中最重要、最有价值的体验。如果你能更多地将那些值得珍视的时刻带入他们的外显记忆，比如家人相处的时光、重要的友情或成长的重大节点等，这些经验就会变得更加清晰、更有影响力。

叙述基本事实

鼓励孩子去记忆的方法有很多，其中最自然的一种就是通过问问题来引导他们。如果孩子还小，就问他们简单的事情，把他们的注意力转移到当天的各种细节上来。“你今天去凯丽家了吗？”“我们在那儿的时候发生了什么？”像这样叙述基本的事实，有助于发展孩子的记忆，从而为他今后处理更多重要的记忆做好准备。

更多加深记忆的技巧

当孩子再大一些时，你可以更讲究技巧。问问他们跟某个朋友或老师之间的矛盾、他们参加的聚会或昨晚彩排的细节。还可以鼓励他们写日记。研究表明，通过写日记来回忆和表达一件事，可以增强免疫力和心脏功能，提升幸福感。在此我们还要指出，写日记能够给孩子提供讲述自己故事的机会，帮助他们进行意义建构，这一过程能够提升他们理解自己过去和现在经验的能力。

在我们跟父母交流记忆整合、鼓励他们帮助孩子讲述自己的经验时，不可避免地会遇到这样的问题："如果他们不愿意说怎么办？""如果我问他们艺术课的情况，人家只说一句'还行'怎么办？"在你挖掘不到孩子生活的丰富细节的时候，就得有点儿创造性。有一个和低年级小孩沟通的技巧，就是在放学接他们回家的时候玩一个猜谜游戏，比如："告诉我两件今天发生了的事，再说一件没发生过的事，我来猜猜哪两件是真的。"

这个游戏对你来说可能太缺乏挑战性了，特别是当你的选项包括"戴里克老师给我们讲了一个故事""我和尼科监视女孩子们"以及"虎克船长把我捉住喂鳄鱼"的时候，但是它能快速引起孩子的兴趣。由于他们每天都要回忆两件学校中的事情，这个游戏不仅能让你了解孩子的生活，而且还有助于他们养成回顾和思考当天事件的习惯。

> 一位妈妈最近刚离婚，她想确保自己能在情感上与女儿们紧密联结，共度这段艰难时期，于是她养成了在吃晚餐的时候向她们问问题的习惯："跟我说说今天过得怎样。什么时候最开心，什么时候最难过，有为别人做什么友好的事吗？"

同样，这样做不仅能够鼓励孩子回忆，而且能够推动他们更深地思考自己的情绪和行为，如何与他人共度一天，如何能够帮助他人。

如果你想让孩子多回想某些特别的事件，可以翻看从前的照片或视频。跟孩子们一起设计和展示“回忆纪念册”，可以帮助他们回忆得更深入。

当女儿第一次露营归来时，你可以把她寄回家的信件、纪念品和她拍的照片收集起来，跟她一起制作一本回忆纪念册。她可以在页面空白处写一些小故事和笔记，比如“这是我的小屋”或“这是剃须膏大战后的景象”。记忆的细节在数月或数年之后会渐渐消逝，一本这样的纪念册可以起到提示的作用，也给了她跟你分享这些她生命中重要事件的机会。

仅仅通过提问和鼓励回忆，你就可以帮助孩子记住并理解过去发生的重要事件，而这会帮助他们更好地理解现在发生的一切。

图解全脑教养第 7 法

避免说“今天过得怎么样”

加深记忆

全 脑 儿 童

帮助孩子把内隐记忆外显化

案例

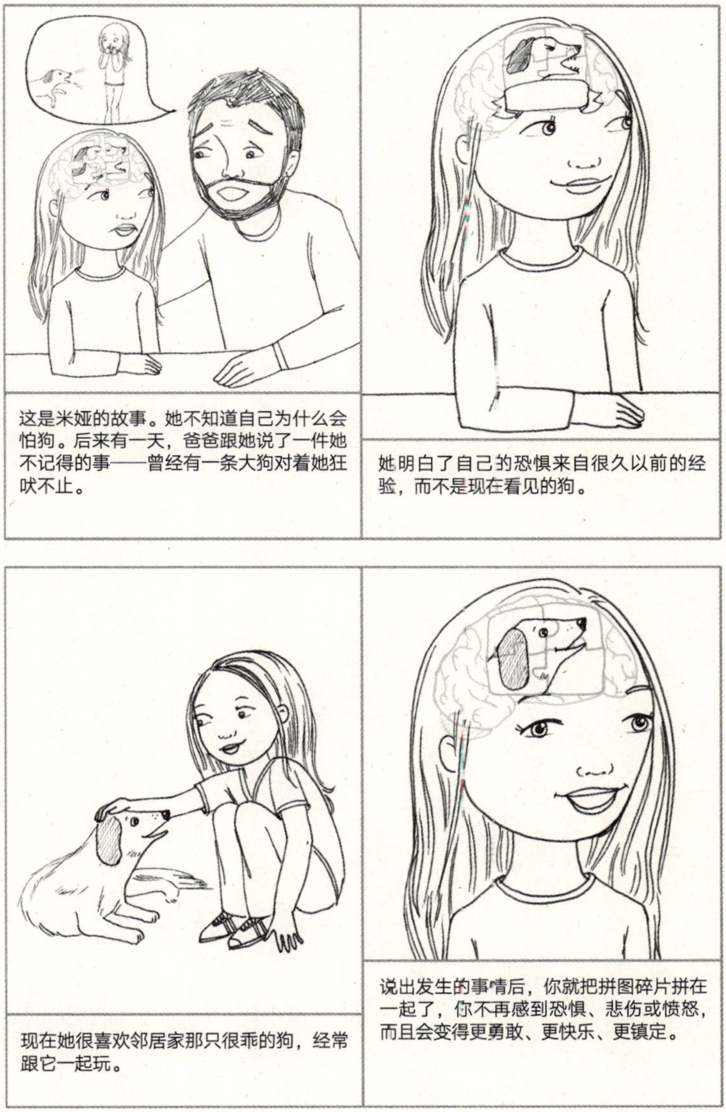
这是米娅的故事。她不知道自己为什么会怕狗。后来有一天，爸爸跟她说了一件她不记得的事——曾经有一条大狗对着她狂吠不止。
她明白了自己的恐惧来自很久以前的经验，而不是现在看见的狗。
现在她很喜欢邻居家那只很乖的狗，经常跟它一起玩。
说出发生的事情后，你就把拼图碎片拼在一起了，你不再感到恐惧、悲伤或愤怒，而且会变得更勇敢、更快乐、更镇定。

THE WHOLE-BRAIN CHILD

5

让孩子更具有专注力

整合自我

执着于某些特定的情绪会让孩子感到困惑和沮丧。帮助孩子整合自我的不同部分，审视影响他们情绪的因素，有意识地引导孩子的注意力，排除外在的干扰，可以让孩子更理解自己的内心感受，从而按照自己的真实意愿做出回应。

“有什么是乔什不会做的吗？”

其他父母总是问安珀这个问题。乔什是她的儿子，今年11岁，聪明且有天赋。他似乎擅长所有的事——学业、运动、音乐以及社会活动，他的朋友以及朋友的父母都对他的能力感到惊奇。

但是安珀知道，不管乔什有怎样的成就，他都对自己的价值充满怀疑。因此，他努力尝试把任何事情都做得完美。这种完美主义让他坚信，无论取得多少成就，他都做得不够好。无论是一次投篮失误还是把午餐盒落在学校了，只要犯了错误，他都会在情感上责罚自己。

最终安珀带着乔什去见蒂娜。蒂娜很快发现，乔什的父母在他还是婴儿的时候就离婚了，而且他的父亲就此消失，把他留给母亲独自抚养。随着时间的流逝，乔什为父亲的缺位而谴责自己的倾向越来越明显，他相信是自己导致了父亲的离去，因此努力避免犯任何错误。乔什的内隐记忆将“不完美”与“放弃”等同起来。“我本该做得更好的”“我真蠢”“为什么我没有那么做”，这样的想法每一天都充斥着乔什的头脑，让他不能无忧无虑地做一个 11 岁的孩子。

蒂娜让乔什注意自己头脑中的这些想法，它们中有一些来源于深层的内隐记忆，需要进行深入治疗。同时，她帮助他了解思维的力量，让他知道可以通过引导自己的注意力，最大限度地控制自己的感受，并按自己的意愿对各种情况做出反应。对乔什来说，突破开始于蒂娜教给他“第七感”的概念。

第七感和觉知环

“第七感”这个词是我提出来的，正如我在《第七感》这本书中所说，这个词最基本的意思有两个：了解我们自己的心理以及了解他人的心理。与他人的联结是我们下一章要讨论的内容，现在我们着重来看“第七感”的第一个方面——了解我们自己的心理。毕竟，洞察自己的内心是心理健康和幸福的开始。蒂娜正是从这一点开始教导乔什的。她给他介绍了我创造的一个模型：觉知环（见图 5-1）。

图 5-1 展示了觉知环的基本概念：我们的内心可以用一个自行车车轮来表示，位于中心位置的是本源，它辐射至外围。外围代表了我们能注意到或意识到的任何事物：思想、感受、梦想、欲望、记忆、对外部世界的感知以及身体感觉。

本源是心灵的内在部分，我们对内外事物的感知都来源于此。简单说来，它就是我们的前额叶皮质，有助于整合大脑。本源代表了我们称为“执行大脑”的部分，因为这是我们做出重要决定的地方，也是让我们能够深入地与他人和自我联结的地方。我们的意识驻扎于此，由此能够关注外围的各种面向。

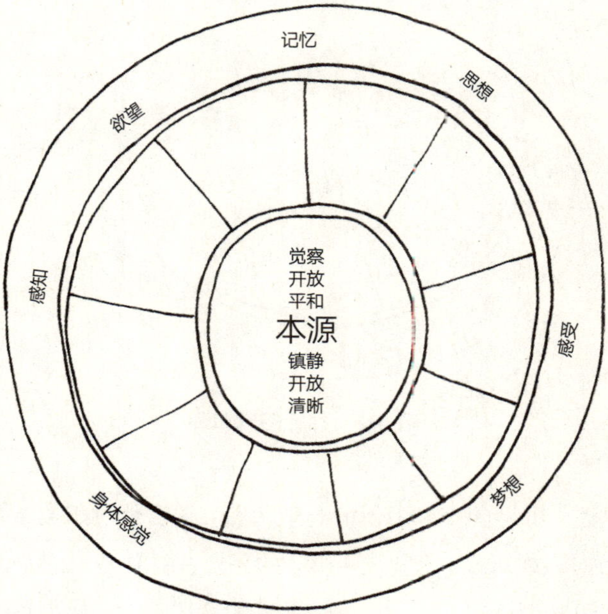

图 5-1　觉知环

觉知环立即对乔什产生了效果，使他认识到，那些让他陷入挣扎的想法和感受只是他自己的某些方面，只是他觉知环外围的一小部分，他不必对那些想法和感受投入过多的关注。图 5-2 为乔什的觉知环。蒂娜帮助他认识到，在特定情况下，他关注外围的哪一种面向，决定了他处于哪一种心理状态。如果总是担心演奏不成功，就忘记了对音乐的喜爱。

觉知环

我们的内心可以用一个车轮来表示，位于中心位置的是本源，它辐射至外围。外围代表了我们能注意到或意识到的任何事物。

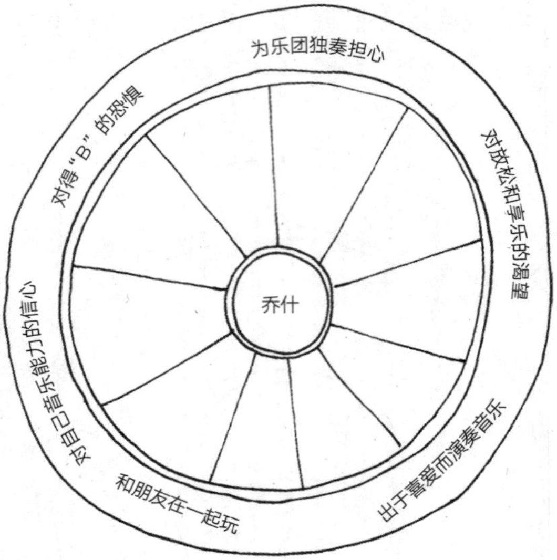

图 5-2　乔什的觉知环

也就是说，乔什焦虑和恐惧的心理状态，源自他过于关注一组制造焦虑的外围面向，如对家庭作业得“B”的恐惧、对独奏时忘记演奏要点的担心。这一组外围面向甚至包括他体验到的身体感觉，比如胃部紧张得发紧、肩膀紧绷，这些都让他陷入了对失败的恐惧。

第七感让他注意到发生在自己内心中的一切，他理解了正是他自己，把所有的时间和精力都耗费在了这些外围面向之中；如果他愿意，他可以回归自己的本源，立足大局，关注其他的外围面向。那些恐惧和担忧确实是自己的一部分，但是它们并不能完全地代表自己。相反，从觉知环的中心，即自我最具反思性和客观性的部分出发，他可以选择给予那些恐惧和担忧多少关注，也可以选择去关注其他的外围面向。

正如蒂娜向乔什解释的，由于他把注意力都集中在那一小部分制造恐惧的外围面向上了，他就排除了其他外围面向，而这些外围面向本来也应该是他对世界的看法的一部分。这导致他把所有的时间用来工作、学习、练习和担忧，其实他还可以关注其他更积极有效的东西，比如对自己音乐能力和天资聪颖的自信，想要不时放松和享乐的愿望。

蒂娜还向他解释，整合自己的不同部分、整合根植于本性的独特方面至关重要，自我的一部分不能完全支配其他部分。蒂娜告诉他，关注那些推动他去获取成就和超越的外围面向没有什么错，这些是他的优点，甚至是很健康的一部分。但是这些外围面向也需要跟其他外围面向整合起来，而不必放弃自我的其他部分，尤其是那些同样优秀和健康的部分。

因此，乔什开始将注意力转向那些不一定会导致完美主义的外围面向。他开始关注自己喜欢在放学后和朋友一起玩的部分，即使这需要放弃一些学习时间。他专注于自己新形成的信念，即不必在每一场比赛中都做得分王。他运用自我对话来提醒自己，不用苛求每个音节都完美、仅仅为了愉悦而吹奏萨克斯的感觉多么好。他不必压抑自己的真实感受，而只需要将相关外围面向与其他外围面向整合，明白它们只是一个更宏大的整体中的一小部分，这个更宏大的乔什不会为了每一个小小的错误而苛责自己。

当然，对第七感和觉知环的了解，并不能立即减轻乔什的完美主义倾向，但是这确实让他开始明白，自己不必这么悲惨。他发现自己可以通过选择做出各种决定，一点点地允许自己掌控体验和应对不同场景的方式，从而改善困难的处境。虽然他开始为自己在纠正完美主义上表现得不太完美而沮丧，但他却可以和蒂娜一起嘲笑这一点了。

分辨“感到”和“是”

乔什的痛苦源于他过分执着于他的觉知环的外围。他将全部的注意力集中于外围中制造焦虑和批判状态的一小部分外围面向，而非发自本源地感知这个世界，并且整合所有的外围面向。因此，他与很多其他的外围面向失去了联系，而这些外围面向能够帮助他体验到一种更加平和与开放的精神状态。这就是孩子的觉知环失去整合时的状态。和成人一样，他们也会执着于某些特定的外围面向，即自身存在的个别方面，这样通常会导致僵化或混乱的后果。

这让孩子为“感到”和“是”之间的区别感到困惑。当孩子体验到某种心理状态时，比如沮丧或孤独，他们可能会用这种暂时的体验来定义自己，而不明白那仅仅是当时的感觉。他们不说“我感到孤独”或“我现在感到忧伤”，而是说“我是孤独的”或“我很忧伤”。危险在于，这种暂时的心理状态可能会被感知为一种自我的永久状态。这种状态会变成一种可以定义他们是谁的特质。

> 想象一个正在上小学一年级的孩子，虽然学业对她来说并不困难，但她此时此刻正被作业深深困扰。除非她能够把沮丧和不足的感觉与自己的其他部分整合起来，认识到这些负面情绪只是更宏大、更完整的自己的一部分，否则她可能会将这种暂时的精神状态看作自己人格中一个永久的特质。她可能会说：“我太笨了，家庭作业对我来说太难了，我永远也做不好。”

但是如果父母能够帮助她整合自我的不同部分，让她识别出自己觉知环上不同的外围面向，她就不会再将某一特定时刻的特定感觉定义为自己的特质了。她能发展自己的“第七感”，认识到她只是为困难的时刻而沮丧，这并不意味着她很笨或者永远也做不好。从心灵的本源出发，她能注意到还有其他的外围面向，并认识到虽然现在她在作业上有一点儿麻烦，但过去的经验已经证明，她通常不太费劲就能把作业搞定。

她可能还会进行一些健康的自我对话，比如：“我讨厌这个家庭作业！它快把我逼疯了！但是我知道我很聪明，只不过这次的作业真的很难。所以，没有关系，这只是暂时的困难而已。”这个识别不同外围面向的简单举动，可以极大地帮助她获得掌控感，同时扭转负面感受。她可能依然觉得自己很笨，但是在父母的帮助下，再做一些练习，她能够避免将暂时的状态看作永久的、定义自我的特质。

觉知环最好的地方就在于：它让孩子明白他们有能力选择关注和重视的对象。它提供了一个整合自我不同部分的工具，让他们的注意力不被某一类负面感受或念头强行占据。若孩子及成人发展了第七感，他们就有能力做出选择，从而能够管理自己体验和回应世界的方式。随着时间的推移和不断的练习，即便面对困难的情境，他们也能将注意力导向对自己和周围的人最有利的方向。

专注的力量

为了理解为什么第七感能够带来选择的力量，我们应该了解一下，当一个人专注于某个特定的外围面向时，大脑是如何运作的。正如之前所讨论过的，大脑在对新的体验做出反应时会发生物理变化。通过设置意图和努力练习，我们能够学会新的心理技能。而且，当我们把注意力导向新的地方时，我们实际上是在创造一种新的体验。这种体验不仅能够改变行为，而且最终能够改变大脑本身的结构。

下面我们来看看这个机制是怎样运转的。当我们有一种新的体验或专注于某件事，比如我们的感受或者想达到的目标时，神经元就会受到刺激而“开火”。换句话说，神经元，也就是脑细胞被激活了。神经元“开火”会导致蛋白质的产生，这些蛋白质能够在被激活的神经元中制造新的联结。神经元“一齐开火，一齐串联”。从神经元被激活到蛋白质产生，再到制造新的联结，这整个过程就是神经可塑性的体现。

从本质上说，这意味着大脑本身具有可塑性，它随着我们的体验和注意力的改变而进行调整。而且这些在我们关注某事时建立的新的神经联结，也会反过来改变我们回应世界、与世界互动的方式。如此这般，通过练习形成了技能，一种状态逐渐成为一个或好或坏的特质。

专注重塑大脑

大脑具有可塑性，它随着我们的体验和注意力的改变而进行调整。而且这些新建立的神经联结，也会反过来改变我们与世界互动的方式。大脑的物理结构会根据我们注意力的指向而发生改变，因此专注可以重塑大脑。

大量科学证据显示，专注可以重塑大脑。我们在依靠敏锐听觉而获利的动物的大脑中发现了比一般动物大得多的听觉中心，这些动物可以通过听声音来追捕猎物或逃避追捕；而在那些依靠敏锐视觉的动物的大脑中，视觉区域更大。对小提琴手进行的大脑扫描提供了更多的证据，研究显示，他们的大脑中代表左手的皮质层显著增大和扩展了，而他们通常需要用左手精确、快速地拨弦。其他研究显示，出租车司机的海马更加发达，而海马对空间记忆至关重要。这些都说明了大脑的物理结构可以根据我们注意力的指向和训练的内容而发生改变。

我们对6岁小男孩杰森的研究也证实了这个原理。

杰森常常被非理性的恐惧所控制，父母都快急疯了。杰森开始出现睡眠障碍，因为他害怕卧室里天花板上的风扇会掉下来砸到他头上。父母反复向他解释，风扇装得很牢固，他在床上很安全。

但是，他上层脑中理智、逻辑性的思考一到夜晚就被下层脑中的恐惧所劫持。他宁愿整晚整晚地睁着眼睛、忧心忡忡地躺着，想象如果螺丝松掉、飞速旋转的叶片掉下来砸到自己，自己的身体、床和床单被切成碎片的惨状。

当杰森的父母了解了第七感并向杰森解释了觉知环后，杰森顿时拥有了一个有力的武器，这不仅解脱了他自己，也解脱了整个家庭。和乔什一样，杰森发现自己过分执着于外围，过分关注于风扇掉下来的后果带给他的恐惧，忽略了其他外围面向。

杰森的父母帮助他回到自己的本源，识别出那些预示着强迫性观念又悄悄溜进脑海中的生理感觉信号，如胸口的焦虑感，手臂、腿和脸的紧绷感，以便将注意力导向能够让他放松的地方。然后，他可以采取以下步骤，将自我的不同部分整合起来。他可以关注自己觉知环（见图5-3）的其他外围面向：他对父母会保护自己、绝不会让他睡在一个可能会掉下来伤害到他的风扇下面的信心，或者他当天在院子里挖了个大坑的快乐记忆。他还可以关注自己身体的紧绷感，通过引导意象来帮助自己放松。杰森喜欢钓鱼，因此他想象与爸爸在船上钓鱼的景象。

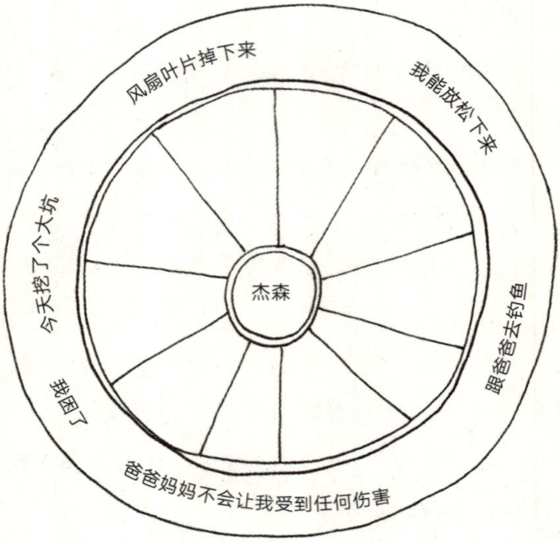

图 5-3　杰森的觉知环

同样，这一切都可以归结为觉察的力量。通过觉察到自己正执着于觉知环的某个外围面向，意识到自己可以选择注意力的导向。杰森学会了转移焦点，也学会了转换心理状态。这意味着他可以选择让生活更轻松一些，无论是对自己还是对他的家庭。他们共同走过了这个艰难的阶段，而且用不着挪走天花板上的风扇。

我们需要强调的是，整合不仅仅能满足你的生存需求，它还能让你享有丰富的人生。第七感不只是帮助杰森和他的父母处理某个睡眠障碍问题的创可贴，它还引发了更加根本性的变化，可以令杰森受益终身。也就是说，学习利用觉知环可以转移注意力，改变杰森的观念，但它的作用不止于此。

虽然杰森年纪还小，但对他来说，在掌握了这个原理之后，通过不断锻炼转移外围注意力的能力，他大脑中的神经元就会不断地以新的方式“开火”，制造新的联结。这些新的“开火”和联结改变了他的大脑结构，让他在面对恐惧和强迫观念时不再那么脆弱，无论这种恐惧和观念是现在特定的还是未来可能出现的。比如为在学校的假日音乐会上登台演出感到恐慌，或者为要去朋友家里过夜感到紧张等。

第七感，以及由它带来的觉知力的提升，确实改变了杰森的大脑。由于先天因素，他将来可能还要不断面对他的个性给他带来的各种困扰，但是在未来的日子里，他仍然能够从孩童时期完成的思维拓展中获益。而且他还储备了一项强有力的工具，能够帮他处理其他恐惧和困扰。

第七感的魔法

正如杰森的父母已经感受到的，第七感是令人激动的发现，特别是看见整合的力量在自己孩子的生活中发生效用之时。我们能够运用自己的思维来控制生活，发现并教会孩子这一点是件振奋人心的事。

通过转移注意力，我们可以不再受内在和外在因素的影响，转而成为主导这些因素的人。当我们意识到内在和外在的种种因素正在影响我们变化多端的情绪及力量时，我们就能了解它们，甚至将其作为自身的一部分去拥抱它们，同时不再允许它们指挥和定义我们。我们可以将关注的焦点转向觉知环的其他外围面向，从而不再成为那些看似不可控的力量的受害者，而成为影响和决定我们怎样思考以及感受的主动参与者。

我们给予孩子的这种力量多么惊人啊！如果孩子在很小的时候，甚至在刚上小学时，就能了解一些觉知环等第七感的基本概念，他们就有能力更好地调节自己的身体和思想，并切实改变自己体验不同生活情境的方式。他们可以更好地摆脱下层脑和内隐记忆的束缚，第七感会帮助他们塑造整合的大脑，从而获得更完满、更健康的人生。

但是，如果孩子过分执着于外围面向而不能回归本源，该怎么办呢？换言之，如果他们过分执着于某种特定的心理状态而不能整合自我的各个部分，又该如何？作为父母，我们知道这种“执着”总是存在的。想想乔什和他的完美主义吧，即使在了解觉知环和自我的各个部分之后，他追求卓越的需求仍会不时地控制住他。杰森和他的“风扇恐惧症”也是如此。对第七感和觉知环的理解具有强大的力量，但并不意味着孩子能够轻易将注意力转向别的外围面向，开始新的生活。

那么，我们能够怎样帮助自己的孩子，增强他们整合自我的能力，使他们对那些限制自己的外围面向不那么执着呢？我们应该怎样帮助他们发展第七感，从而获得掌握自己生活的力量呢？后面的“全脑教养指南”给出了简单易行的几种方式。

整合我们自己

很多父母也能从学习、了解第七感和他们自己的觉知环中获益。通过下面的讨论，你也能发现和体会到这一点。

从你的本源出发，审视你自己的思想。你的注意力现在在哪些外围面向上？有下面这些吗？

- 我好累。真希望能多睡一个小时。
- 儿子把他的棒球帽扔在地板上，气死我了。等他回家后我得好好说说他，还有他的家庭作业！
- 跟库柏一家吃晚餐应该会很开心，可我不太想去。
- 我累了。
- 要是能做点儿自己的事就好了。好吧，至少最近读的这本书让我很愉快。
- 我说过我很累了吧？

所有这些感觉、意象、感受和念头都是你的觉知环的外围面向，它们共同决定了你的心理状态。

现在我们来看看，如果你主动地将注意力引向其他外围面向，会发生什么。放慢节奏，让心情平静下来，问自己这些问题：

- 最近我的孩子说了什么好玩的话，做了什么可爱的事呢？
- 虽然有时候麻烦得要命，但我其实是真的愿意成为父母并以为人父母为傲？如果我现在没有小孩，会是什么样子呢？
- 我的孩子现在最喜欢的T恤衫是哪一件？我还记得他的第一双鞋吗？
- 我是否能够想象出我的孩子年满18岁，打包好行李离家去上大学的样子呢？

是不是感觉不一样了？你的状态有变化吗？

这就是第七感的作用。从本源出发，留意觉知环的各个外围面向，你就能觉察到自己正在经历的一切。然后，你可以转移焦点，主动将注意力转向其他外围面向，由此，你的整个精神状态都会发生改变。这是你的头脑产生的力量，这股力量是如此切实地、根本性地改变了你对孩子的感受以及与他们互动的方式。

在缺乏第七感的情况下，你将执着于外围，深陷在沮丧、愤怒或怨恨之中。此时，为人父母的喜悦不复存在。但是通过回归本源、调整焦点，你将开始体验到，为人父母是多么令人欣喜和值得感恩的事——仅仅只需关注并把注意力调整至新的外围面向而已。

第七感有着很强的实用性。例如，回想一下你最近一次对孩子生气的场景。你气得七窍生烟，简直要失去控制了。记住他做了什么以及你所感受到的暴怒情绪。在这种时候，你的怒火燃烧起来，蔓延至觉知环的整个外围。

事实上，怒火已经遮蔽了所有其他外围面向，你所具有的对孩子的感受和认识在那一瞬间都不存在：你忘记了你的孩子只是个普通的 4 岁小孩；你忘记了 5 分钟前你们一起玩牌时还笑到抽筋；你忘记了你曾向他承诺，生气时再也不掐他的胳膊了；你忘记了你本来想为他做一个合理表达愤怒情绪的良好示范……

这就是当我们没有通过本源达到自我整合时，整个人被外围面向击溃的情形。下层脑接管了上层脑的功能，其他的外围面向完全被强烈的怒火所散发出的刺眼光芒所掩盖——也就是传说中的“抓狂”状态。

在这种时候能做什么呢？没错，你猜对了，整合。运用你的第七感，通过关注呼吸，你将走出回归本源的第一步。这是从完全消耗在某一种或几种外围面向的困境中跳出来的必要步骤。一旦回到本源，你就有可能采用一个更加广阔的视角，发现你的头脑中有着其他更多的外围面向。你可以喝一点儿水、歇一会儿、伸伸懒腰，或者花几分钟冷静一下。然后，一旦你将注意力带回本源，你就能自由地选择如何回应孩子的行为，并且修复你们关系中的裂痕。

整合

运用第七感，关注呼吸，回归本源。采用更加广阔的视角，发现更多的外围面向，将这些不同的外围面向融为一体，从本源出发整合大脑，让大脑整合运作。

这并不意味着你要对孩子不好的行为视而不见，绝对不是！事实上，你需要整合的其中一个外围面向就是对设置清晰、坚固的边界抱有信念。你可以采取很多种视角来设置外围面向，既可以渴望孩子改善行为，也可以担心你自己的回应造成了不利影响。

当你把所有这些不同的外围面向融为一体，即从本源出发整合你的头脑时，你将进入一种善解人意、敏锐、从容不迫的为人父母的状态。在整个大脑整合运作的状态下，你能与自己的内在紧密联结，也就能跟孩子建立起紧密的联结。具备第七感和完整的自我，你将更容易按照自己的真实意愿做出回应，而非在某一个瞬间、某个点上受剧烈情绪的驱使做出反应。

全脑教养指南

让孩子了解第七感的力量

全脑教养第 8 法

浮云原理：教孩子了解真实的内心感受

让孩子了解并理解自己的感受非常重要。同样重要的是，让孩子了解感受真实的样子：感受是一种暂时的、不断变化的情形。它们是状态，而非特质。

我们需要帮助孩子了解，情绪的阴云会并且一定会消失。悲伤、愤怒、伤心或孤独的感觉不会永远持续下去，这对孩子来说一开始很难理解。当他们受伤或受惊时，有时很难让他们相信这种痛苦不会永远存在。

因此，我们必须帮助他们了解，感受是暂时的，一种情绪从产生到消逝的时间平均不会超过 90 秒。如果我们能让孩子了解，感受是转瞬即逝的，我们就能帮助他们发展第七感，就像我们之前提到的男孩，他能纠正自己："我不愚蠢，我只是现在觉得自己很愚蠢。"

更小的孩子很显然需要你的帮助，但他们肯定也能理解感受的来去消减。孩子越能理解感受的产生和消逝，就越不执着于觉知环的外围面向，越能发自本源地去生活和做出选择。

图解全脑教养第 8 法

避免置之不理和否认

教孩子了解内心感受的短暂性

全脑教养第 9 法

情绪调色板：教孩子正确理解内心感受

为了让孩子发展第七感，进而改变正在困扰他们的念头、欲望和情绪，他们首先需要清楚地知道自己正在经历什么。这意味着我们最重要的养育责任之一，就是帮助孩子识别和理解他们自己的觉知环有哪些不同的外围面向。

用不着正襟危坐地开个会来传达这个概念，你可以在日常互动的过程中找机会与孩子交流。

随处可见的“觉知环”

蒂娜最近发现，早上开车送儿子上学的途中调整他的情绪很有效果。儿子因为去不了道奇体育场而闷闷不乐，蒂娜抓住这个机会来教给儿子“觉知环”的概念。

“看看挡风玻璃上这些小污点。它们就像你现在想到和感受到的很多东西。真是多得不得了！看见这个斑点了吗？这就是你现在对爸爸生的气。还有那些黄色的虫子屎，它们是你对不能去看比赛的失望。看见那块溅开的痕迹了吗？那是爸爸说下周末会带你去时，你对他的信任。那边那一块是你知道你今天还是会很开心的，因为你将和雷恩一起吃午饭，并且在课间踢足球……”

你可以利用诸如挡风玻璃、自行车车轮、钢琴键盘或触手可及的任何东西，帮助孩子明白，他自己有很多不同的部分。他可以了解这些不同的部分，并且把它们整合起来。

引导孩子意识到他们都有哪些外围面向的最好办法之一，就是帮助他们学习“审视”所有正在影响他们的感觉、意象、情绪和念头。

审视感觉

通过留意身体感觉，孩子能够更加清晰地认识到体内发生的变化。他们能够学会识别各种信号：胃部搅动的感觉是焦虑的表征，想打人的欲望是愤怒或沮丧的表现，肩部沉重是悲伤的表现，等等。他们能够识别感到紧张时身体的紧绷感，然后学习用放松肩膀、连续的深呼吸来恢复平静。仅仅只是辨认出不同的感觉，比如饥饿、疲惫、兴奋和焦躁，就能让孩子清楚地了解并调节自己的感受。

审视意象

除感觉之外，我们还应该教孩子审视那些影响他们看待世界的方式的意象。有一些意象来自过去，比如父母亲躺在医院病床上或者自己在学校里遭到嘲笑。另一些则可能是由他们的想象或噩梦所臆造的，比如一个担忧自己会被遗弃或在课间被孤立的小孩，也许会想象自己一个人孤零零地荡秋千；一个非常害怕黑夜的小孩，他的恐惧可能来自噩梦之后留在记忆中的影像。如果孩子能够觉察到自己头脑中活跃的意象，他就能够用第七感来控制这些意象，并大力消除它们对自己的影响。

审视情绪

我们还应该教孩子审视他们正在体验的感受和情绪（见图 5-4）。耐心地询问孩子的感受，并帮助他们把这些感受具体化，从模糊的情绪描述，比如“还行”和“很糟”，转换为更准确的用词，比如“失望”“焦虑”“嫉妒”和“兴奋”。

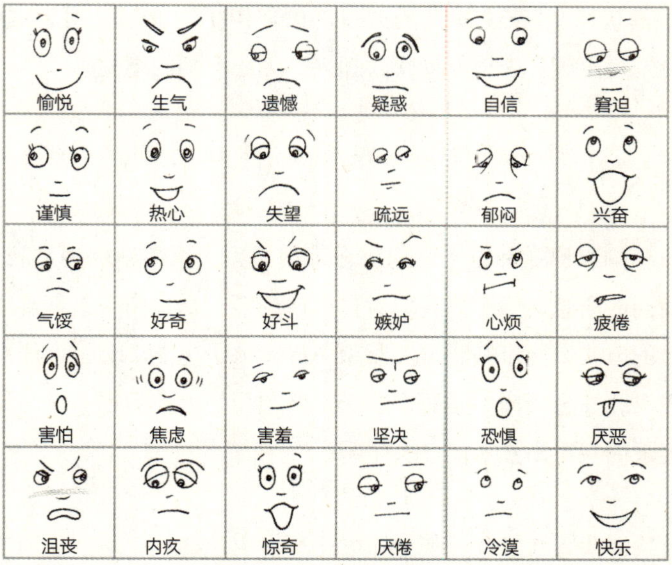

图 5-4　情绪

孩子通常不能表达出特定情绪的复杂性，其中一个原因是他们还没有学会成熟地看待自己的感受，即认识到情绪的多样性和丰富性。因此，他们简单地用非黑即白的方式来描绘自己的情绪图景，而不能反馈完整的情绪。理想情况下，我们希望孩子认识到他们拥有的丰富情绪就像颜色多样的彩虹，有着各种不同的可能性。

如果不能用第七感洞察整个大脑，孩子就会囿于只有黑与白的视角，像一部老旧的电视机一样，一遍又一遍地重放古老的节目。而当他们拥有一套完整的情绪调色板时，他们就能够欣赏到深刻、活跃的感情生活所演绎的生动的彩色影片。你可以在与孩子的日常互动中不断地教给他们这一点，甚至在他们学会说话之前就可以开始了。

“我知道不让你吃糖你很失望。”当他们长大一些后，你可以教他们了解更微妙的情绪。“很遗憾你的滑雪之旅取消了。如果我遇到这样的事，我可能会觉得生气、失望、受伤、扫兴，你还有别的感受吗？”

审视念头

念头不同于感觉和意象，念头在审视过程中更多地代表左脑的功能。它们是我们的所思所想，是我们对自己说的话，是我们用语言讲述自己的生活故事的方式。同审视感觉和意象一样，孩子也能学会留意他们头脑中闪过的念头，并且明白不是每个念头都必须相信。他们还可以与那些没用的、不健康的甚至不真实的念头争辩。

通过这样的自我对话，他们能够将注意力从那些有限制作用的外围面向上引开，从而转向那些有利于获得快乐和成长的外围面向。第七感帮助他们回到本源，留意自己的思想。然后，从觉察开始，他们可以用自我对话时刻提醒自己，其他的外围面向、念头和感受也是自身重要的组成部分。

审视的意义

一个 11 岁的女孩可能会皱着眉头对着镜子说：“露营时把自己晒成这

样真是太蠢了，太蠢了！”但是，如果父母教过她如何与自己的负面念头争辩，那么她可能会后退一步，纠正自己说：“得了吧，这跟愚蠢没关系。有时候忘记一些事情很正常。今天几乎所有的孩子都晒伤了。”

通过教孩子审视头脑中的活动，我们能够帮助他们识别哪些外围面向正在影响自己，并且帮助他们获得更多对生活的洞察和控制权。下面我们将讨论头脑如何接受不同的刺激，同时也请注意这个过程是如何整合的。

神经系统像强大的天线一样在我们的全身扩展，通过五种感官读取不同的生理感觉信号。然后，我们调动右脑产生意象，将其与从右脑和大脑边缘系统中产生的感受结合起来。最后，我们把这一切与起源于左脑的有意识的思想和来自上层脑的分析技能结合起来。

思想是可以塑造的

通过审视机制，我们可以理解一个重要的理念：我们的身体感觉塑造了我们的情绪，我们的情绪塑造了我们的思想和头脑中的图像。反之亦然。如果我们冒出了敌对的念头，在这种念头的影响下我们会产生愤怒的感受，接着我们的身体肌肉会变得紧张。感觉、意象和思想，所有的这些外围面向是相互影响的，它们共同创造了我们的心理状态。

下一次当你和孩子一起待在车里时，可以花几分钟玩一下“审视游戏”，通过提问来推动他启动审视机制。你可以以下面这个例子开头。

你：我先说一些我的身体感觉告诉我的事。我饿了，你呢？你的身体告诉你什么？

孩子：安全带有点儿磨我的脖子。

你：这个不错。我马上给你调整。画面呢？你的头脑里有没有出现什么景象？我正在回忆你在学校演喜剧的滑稽场面，你戴着一顶可笑的帽子。

孩子：我正在想那部新电影的片花，就是外星人的那部。

你：好，我们一起去看。现在来说说感受。我一想到爷爷奶奶明天要过来，就觉得很兴奋。

孩子：我也是！

你：好的，感觉——意象——感受……现在轮到念头了。我刚刚想到我们该买牛奶了，我们到家前得停一下去买牛奶。你想到了什么呢？

孩子：我一直在想克莱尔应该多做些家务，因为她比我大。

你（笑）：我很高兴你很会出主意。关于这一条我们可以再想想。

虽然有时候这样的对话显得很傻，“审视游戏”却不失为一个让孩子练习关注自己内心活动的好办法。记住，谈论大脑就是在发展大脑。

图解全脑教养第 9 法

避免置之不理和否认

教孩子正确理解内心感受

全脑教养第 10 法

第七感：培养专注力

我们已经讨论了第七感和专注的力量。当孩子执着于其觉知环的某一组外围面向时，我们需要帮助他们转移注意力，促进他们的自我整合。他们将发现自己不必成为感觉、意象、感受和念头的受害者，从而决定如何思考和感受他们经历的一切。

这些能力不是天生的，但是通过教育，孩子能够学会如何将注意力转向内在本源。对家长来说，最好的办法是教孩子进行第七感练习，这对“回归本源”很有帮助。帮助孩子回到觉知环的本源，也就是帮助他们变得更加专注，从而能够清醒地觉察众多外围面向对自己的情绪和状态产生的影响。

下面的例子讲述了安德莉亚如何帮助 9 岁的女儿妮可回归到她的本源，处理对即将到来的音乐演奏会的焦虑。

音乐会当天早上，安德莉亚意识到，在朋友和朋友的父母面前演奏小提琴让妮可感到紧张，这完全是可以理解的。她知道女儿的感受是正常的，但是也希望能够帮助女儿减轻焦虑，因此她教女儿做第七感练习。

安德莉亚让妮可平躺在沙发上，自己坐在旁边的椅子上，然后开始帮助女儿观察自己的内在状态。她对妮可说：

“好的，妮可，当你躺好以后，环视一下整个房间。不用动头，你就能看见桌上的台灯。现在看一下你小时候的照片。看见了吗？再看一下书架，你看见那一大本《哈利·波特与魔法石》了吗？现在再回来看着台灯。

“你有没有发现，你有能力让注意力在房间中转换？这就是我想告诉你的。但是先让我们把注意力集中到你的大脑和身体上来。闭上眼睛，集中注意力，留意你的念头、感受和感觉。让我们从听开始。我将安静一小会儿，你注意听听有什么声音。

“你听到了什么？汽车开过？狗在街上叫？你听见哥哥在浴室里开水龙头了吗？你能够意识到这些声音，是因为你在安静地听。你是主动去听的。

“现在我希望你注意自己的呼吸。首先，注意空气通过呼吸进出你的鼻子，然后感觉一下胸部的起伏，现在注意在每次呼入呼出时胃部的起伏……

“我还要再安静一会儿。在这段时间旦，继续关注你的呼吸。会有一些其他想法闯进你的头脑中，你也许还会想到音乐会。没关系。若你注意到思绪开始游走，你开始胡思乱想或开始担心了，就再次把注意力转移到呼吸上来。自然地跟随呼吸的节奏。”

大约一分钟之后，安德莉亚让妮可睁开眼睛坐起来。安德莉亚向妮可解释，这是一个放松身心的好办法。她让妮可记住这个练习以备不时之需，比如音乐会开始之前几分钟。如果在演奏小提琴之前，她开始感觉心脏怦怦直跳或者紧张得浑身冒汗，就可以立刻回到对呼吸的关注上来，不闭上眼睛也可以。

在这个例子中，当安德莉亚帮助妮可关注自己的呼吸时，妮可不仅释放出了焦虑感，还回归到了她的本源，注意到自我的其他部分，并留意身体的感觉，根据感觉的变化有意识地做出调整。如此一来，她体内跟全然关注呼吸有关的神经元开始与跟平和、幸福感相关的神经元联结起来。她进入了一种全新的状态，并且随时可以回归本源。

小一点儿的孩子也能从第七感练习中获益。即使是一个四五岁的小孩，也能学会关注自己的呼吸。一个不错的技巧是，让他平躺下来，在他的肚子上放置一个玩具，比如小船。让孩子注意这条小船，注视着随着自己的呼吸而起伏的它。

我们并没有暗示进行第七感练习时必须得躺下来并进入冥想状态。当孩子焦虑、担忧或失眠时，你能给他们的最有效的工具之一，是教他们想象一个令他们感到放松和平静的场景：躺在竹筏上漂浮在池塘中、坐在记忆中露营过的小河旁边或者在祖父母家中的吊床上悠闲地摇晃。

第七感练习能够帮助孩子管理他们的焦虑、沮丧和强烈的愤怒情绪，这不仅有助于他们健康成长，还能让他们获得无限发展的能力，在将来拥有丰富多彩的人生。

在音乐会开始之前，安德莉亚教妮可进行第七感练习，妮可最终放松下来，演奏得很精彩。此后她们又不时地进行类似的练习，比如上述的想象练习。随着年龄的增长和不断的练习，妮可加深了对自己觉知环本源的了解，能够更容易、更迅速地回归本源。她学会了更准确、更具体地把注意力导向她想要发展和成长的那部分自我。

你应该留意生活中的机会，随时教孩子保持镇定和放松，并获得内心深层的平静。以此为基础，他们将更善于穿越那些不时在内心掀起的风暴，而且在长大成人的过程中，更有机会享有丰富多彩的人生，无论从情绪、心理还是社会层面，都是如此。

图解全脑教养第 10 法

避免置之不理和否认

培养专注力

全脑儿童

教孩子整合自我的不同部分

你有过“困在”某种感受或念头之中的经历吗？这让人很不爽，但它是如此强大，让你忘记了其他让你快乐的感受和念头。

幸运的是，你不必一直停留在让你痛苦的感受之中。你可以学习关注自我的其他部分，走出困境。

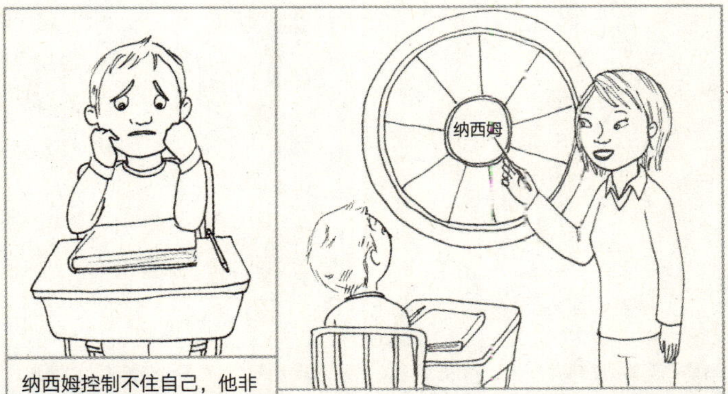

纳西姆控制不住自己，他非常担心拼写比赛，甚至担心得都胃痛了。他不想吃午餐，课间也不想玩耍。他唯一能想到的就是拼写，他太紧张了。

他的老师安德森女士教给他觉知环的概念：我们的心灵就像一个车轮，轮子的中心叫作“本源”，这是一个安全的地方。在这里，大脑可以放松下来，还可以选择思考的方向。

案例

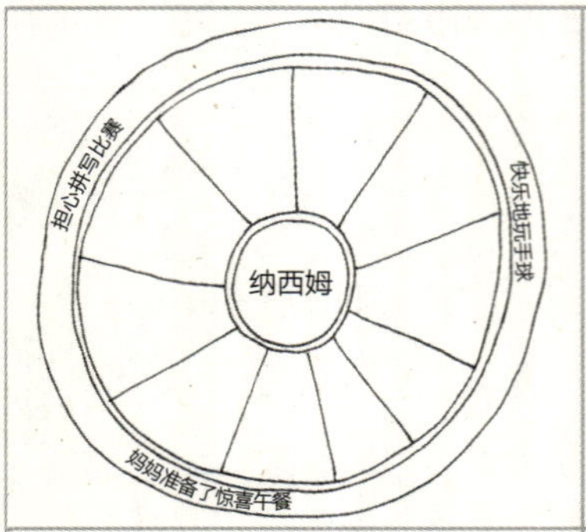

觉知环的外围是所有纳西姆可以思考和感受的事物：在课间玩手球、妈妈在午餐盒里准备的大惊喜，当然还有他对拼写比赛的担心。安德森女士向他解释，他把注意力全部放在了紧张这一点上，忽视了所有其他方面。

安德森女士让纳西姆闭上眼睛，做三次深呼吸。她说："你一直在担忧拼写比赛，现在我希望你关注一下轮子上的其他部分，比如快乐地玩手球，或者想象一下味道鲜美的午餐。"纳西姆露出了笑容，肚子"咕咕"地叫了起来。

当纳西姆睁开眼睛时，他感觉好多了。他运用觉知环去关注其他的感受和念头，然后改变了自己的感受。他仍然有一点儿紧张，但是他不再完全被困在紧张之中。

纳西姆明白了，他不必只想着让他紧张的事情，而是可以主动去想些其他能让他开心的事情。纳西姆吃了午饭，然后跑出去玩手球了。

THE WHOLE-BRAIN CHILD

6

培养孩子的人际技巧

整合自我与他人

全脑教养法可以帮助孩子发展强大而灵活的“我”，但孩子更需要了解成为“我们”当中的一分子的重要意义。保持独特的自我认知，并发展共情力，能让孩子建立良好的人际关系，并从中体验到温暖、联结和安全感。

罗恩和桑迪快受不了了。他们 7 岁的宝贝科林是个乖孩子，循规蹈矩，从来不在学校里闯祸，周围的人都很喜欢他。但是，用罗恩和桑迪的话来说，他“自私得彻头彻尾、无可救药”：他总是抢走最后一块比萨饼，即使他的盘子里还有好几块；他求父母让他养一条小狗，可是小狗来家里后他根本没兴趣跟它玩儿，更别说给它清理大便了；他长大后有些玩具没用了，却不肯将它们给他的小弟弟玩。

罗恩和桑迪知道，小孩子有一些自我中心是很正常的，而且他们也不想改变科林的个性，他们想爱他本来的样子。但有时候科林不为他人着想的行为很让人崩溃。所有与此相关的，比如共情能力、仁慈心和体谅他人的能力，科林好像都完全没有。

有一天他们终于忍无可忍了。科林一放学就钻进他跟 5 岁弟弟洛根共同的卧室。听见孩子们的房间里传来大叫的声音时，罗恩正在厨房里。进屋一看，他发现洛根正处于狂怒之中，对着哥哥、一堆艺术品和奖杯大喊大叫。

原来科林决定“重新装饰”卧室，他把洛根所有的水彩画和马克笔画都从墙上取了下来，换上自己的海报和棒球卡。除此之外，他还把洛根的两座足球奖杯从架子上拿了下来，放上他自己的摇头娃娃。科林把洛根的所有东西都堆在角落里，还说“这样它们就不会碍手碍脚了”。

桑迪到家后，她和罗恩讨论起大儿子给他们带来的挫败感。他们真的相信科林的行为没有任何恶意，实际上，这几乎正是问题所在：他根本没有考虑洛根的感受，也就谈不上试图伤害他。他重新装饰房间的原因跟他总是拿走最后一块比萨饼的原因是一样的：他只是没有考虑其他人而已。

这是父母经常需要面对的问题：我们希望孩子能够关爱和体谅他人，这样才能建立有意义的人际关系。有时候我们感到害怕，因为他们不像也永远不会像我们希望的那样善良、有同情心、懂得感恩、慷慨。但是请不要忘了，他们还是孩子。我们不能奢望一个 7 岁的孩子像一个心智健全的成年人那样行动，但肯定希望自己的孩子能够成长为坚强、宽容、谦恭、有爱心的人，不过这对于一个刚刚学会自己系鞋带的孩子来说，有点儿要求过高了。

相信孩子的成长过程，明白我们对孩子的期望需要时间来实现非常重要。不过我们仍然能够引导他们，为他们成长为孩童、少年，并最终成长为能够完全参与人际关系、顾及别人感受的成人做好准备。

有些人的主管共情力和人际关系的神经通路中，神经元联结天生就比大多数人少。就像有阅读障碍的孩子需要通过练习来建立大脑中的相关联结一样，在人际关系方面存在障碍的孩子同样需要建立和培养大脑中的相关联结。无力感受他人的痛苦跟学习障碍一样，是一种心理缺陷。这是一个孩子成长中的常见问题，而不一定是孩子的品性有问题。即使是那些天生对联结和同情心不敏感的孩子，也能够在人际关系中感受到联结的意义，并且学会承担责任。

本书前面的章节主要聚焦于如何帮助孩子拓展思维，以让他们发展一个强大而灵活的“我”的概念。但是像罗恩和桑迪这样的情况，孩子需要了解成为“我们”中的一部分的重要意义，如何才能够与他人整合。事实上，在变幻莫测的现代社会中，学习从“我”到“我们”，也许对孩子能否适应未来世界至关重要。

共情：联结他人的心灵

帮助孩子在成为“我们”的一分子的同时，不与内在独立的“我”失去联系，对所有的父母来说都是一个高难度的任务，但也是所有父母期待孩子能做到的。但是，在与他人联结的同时保持独特的自我认知，正是幸福和成就的源泉。这也是第七感的精髓所在。你也许还记得，第七感能让你看清自己的心灵，也看清别人的心灵。这意味着在保持健康的自我概念的同时，发展完善的人际关系。

在前面的章节里，我们讨论了第七感的第一个方面——了解我们自己的心灵，以及如何帮助孩子通过觉知环觉察和整合自我的不同部分。在第七感的这个层面中，关键的概念是个体的洞察。

现在我们把注意力转向第七感的第二个方面——发展了解并联结他人心灵的能力。这种联结取决于共情力，取决于识别另一个人的感受、欲望和观点的能力。罗恩和桑迪的儿子需要的可能就是共情技巧。除了拓展思维、整合自我的不同部分之外，他还需要不断地练习从他人的角度看待事物，了解他人的观念。他需要发展第七感第二个方面的能力。

洞察 + 共情 = 第七感

洞察与共情，鼓励孩子发展这些品质，就是赋予他们第七感，让他们对自身保持觉察，并且也能够与周围的世界建立联系。但是我们应该怎么做呢？有哪些具体的方法呢？如何鼓励孩子与家人、朋友和世界建立联系，同时还能发展和保持独立的自我意识呢？如何让他们学会与别人分享？如何教会他们与自己的兄弟姐妹相处？如何让他们与其他孩子一起运动？如何教会他们与他人良好沟通、考虑他人的感受？所有这些问题的答案都在于“我—我们”的联结。通过一窥大脑在建立人际关系中的作用，我们就能理解其中的奥秘。

社会化大脑：为“我们”而生

说起大脑，你的脑海里会浮现出怎样的画面？也许你会回忆起高中生物课的景象：在容器中漂浮的奇怪器官，或者课本上的古怪插图。这种认为大脑是隔绝在单个头骨中的孤独器官的视角称为“单脑壳”视角，它的问题在于忽视了科学家们最近几十年才发现的事实：大脑是一个社会有机体，是为关系而生的。它本能地从社会环境中接收信号，再反过来影响个人的内在世界。

社会化大脑

大脑本能地从社会环境中接收信号，再反过来影响个人的内在世界。每个人的大脑都是在与他人的持续互动中建构起来的。

换句话说，大脑之间的相互作用与每个独立大脑的内部作用是有很大关系的。自我和群体在根本上是有内在联系的，因为每个大脑都是在与他人持续的互动中建构起来的。而且，有关快乐和智慧的研究也揭示出，幸福的一个关键因素是将个人的注意力和热情投入他人的利益之中，而非仅仅关注与他人无关的个体利益。“我”通过参与并融入“我们”而发现意义和快乐。

也就是说，大脑是为自我与他人间的整合而建立起来的。正如大脑中的不同部分是为了协同工作而存在一样，每一个独立的大脑也注定要与互动对象的大脑发生联结。自我与他人的整合指的是，我们不仅发展我们与他人的联结，更尊重和珍视我们与他人之间的区别。因此，我们在帮助孩子整合左脑和右脑、上层脑和下层脑、内隐记忆和外显记忆时，同样需要帮助他们理解他们与家人、朋友、同学以及其他人之间的联系。通过理解人际关系中的大脑，我们能够发展孩子的第七感，让他们建立更深入、更有意义的人际关系。

镜像神经元：思维防御镜

你是否有过这样的体验：看见别人喝水就感到口渴，当别人打呵欠时自己也跟着打……这些熟悉的反应可以在一项最新、最神奇的大脑研究中得到解释——镜像神经元。

20世纪90年代初，一群意大利神经学家研究了恒河猴的大脑。他们在这些猴子的大脑中植入电极，以监测个别神经元的变化。当猴子吃一粒花生时，某组神经元“开火”了。这并不奇怪，它在研究者们的预料之中。但是，随后一位科学家的举动改变了我们对思维过程的看法。

他拿起一粒花生，当着猴子的面吃起来。作为回应，猴子的运动神经元“开火”了，与它自己吃花生时“开火”的是同一组神经元！研究者们发现，仅仅是看到他人的行为，猴子的大脑就被影响而变得活跃了。无论猴子是见证还是参与了某一种行为，都激活了同一组神经元。

科学家们开始争先恐后地识别人类的“镜像神经元”。虽然关于镜像神经元性质和机制的问题远远多于答案，但是我们对镜像神经元系统的了解越来越深入了。这些神经元可能就是共情力的根源，因此也是人类大脑第七感的源泉。

这一切的关键在于，镜像神经元只对主动的行为做出反应，这类行为中有某种可以被感知的可预测性或目的性。例如，如果别人只是随意地在空中挥手，你的镜像神经元就不会有所反应。但是如果你可以利用经验预测到那个人的举动，比如用杯子喝水，你的镜像神经元就能够在行为发生之前“计算出”将要发生什么。当他举起杯子时，你的神经元突触就能预测到他将用杯子喝水，那么，你上层脑中的镜像神经元也会做好喝水的准备。我们看见一种行为，了解这种行为的目的，我们就会做好准备来防御这种行为。

这从最简单的层面解释了为什么看见别人喝水我们会口渴，看见别人打呵欠我们也会呵欠连天。这也可以解释为什么一个刚出生的婴儿能够模仿父母伸舌头。镜像神经元也解释了为什么在一个家庭中较小的孩子有时候在运动上更出色。在加入自己的队伍之前，他们的镜像神经元在观看哥哥姐姐运动时，就已经跟着投篮、飞踢、投掷好几百次了。从复杂的角度说，镜像神经元帮助我们理解文化的性质以及我们共有的行为如何将我们凝聚在一起，包括亲子之间、朋友之间以及夫妻之间。

现在让我们进入下一步。基于我们在周围世界中看到、听到、闻到、尝到以及触摸到的东西，我们不仅可以看出他人的行为意图，还能看出他们的情绪状态。换句话说，镜像神经元让我们不仅可以模仿他人的行为，还能够与他们的感受产生共鸣。我们不仅能够感觉到他人下一步的行动，还能够感觉到他行为背后的情绪。因此，我们也把这些特殊的神经元叫作“海绵神经元”，它们像海绵一样汲取我们在他人的行为、意图和情绪中看到的东西。我们并非简单地“镜面防御”他人，而是“浸入”他们的内在状态。

镜像神经元

由于镜像神经元的作用，我们在周围世界中看到、听到、闻到、触摸到、尝到的东西不仅可以让我们看出他人的行为意图，还能看出他人的情绪状态，与其他人产生共鸣。

你可以留意一下朋友聚会时的情况。当你接近一群正在说笑的人时，你自己也很可能堆满笑容或者笑出声来，尽管你并不知道他们在笑什么。或者当你感到紧张或有压力时，你的孩子也会有同样的感受。科学家们称这种现象为“情绪感染”。他人的内心状态，无论是快乐、勇敢还是悲伤、害怕，都直接影响了我们的心理状态。我们将他人吸纳入自己的内在世界。

这么一来，你就能够明白为什么神经科学家要把大脑称为社会有机体了。大脑的功能就是第七感。我们的生物本性就是处于关系之中，去理解他人的想法，彼此影响。我们始终强调，大脑实际上是由经验重塑的。这意味着我们与别人的每一次讨论、争执、玩笑或拥抱，都切实地改变着我们自己和他人的大脑。在与生命中的重要之人有过一次重要的谈话，或者共度过一段美好的时光之后，我们的大脑就不同了。

由于没有人的大脑是与世隔绝独立运行的，我们全部的精神生活也源自我们的内部神经系统以及我们从他人身上接收到的外部信号。我们每个人都注定要将独立的“我”融入他人，成为“我们”的一部分。

创建积极的心理模式

这一切对我们的孩子来说意味着什么呢？他们经历的各种关系将为他们将来如何与他人建立联结打下基础。也就是说，未来他们能够在多大程度上运用第七感，融入“我们”，与他人联结，取决于他们与看护人之间依恋关系的质量，看护人包括父母和祖父母，也包括保姆、老师、同伴或其他在他们生活中有影响力的人。

在与生命中最重要的人相处的时光中，孩子会掌握重要的人际技巧，比如沟通、倾听、理解面部表情、理解非语言信息、分享和牺牲。同时，在良好的人际关系之中，孩子也会发展出适应周围世界、处理人际关系的特定模式。他们将明白是否能够放心地让他人去了解和回应自己的需求，是否有足够的联结和保护来支持自己走出去冒险。简而言之，他们会明白人际关系给他们带来的是孤独、被无视、焦虑和困惑的感受，还是理解以及安全的照顾。

想象一个新生儿，他生来就准备着联结，准备将自己从别人身上看到的东西与自己的行为和内在感受联系起来。但是，如果别人不能随时满足他的需求，又会怎样呢？如果他的父母无力照料他或排斥他呢？在这种情况下，首先浸入孩子头脑的将是困惑和挫折感。如果缺乏与照料者之间持续、亲密的联结，他可能无法在成长中发展第七感，也不会理解与他人相处的重要性，这种情况并不少见。

我们在生命的早期就学习运用与他人可靠的联结来安抚内在压力，这是安全型依恋的基础。但是如果我们没有得到这样的养育，我们的大脑也必须竭尽所能地去适应。孩子将学会"靠自己"，尽量自己安慰自己。孩子大脑中跟关系、情感有关的那部分通路，由于缺乏亲密和联结的滋养，在适者生存的压力下，可能会彻底关闭。这就是为什么在生存压力下，社会化大脑会封闭自己天生追求联结的驱力。然而，如果这个婴儿的父母能够向他表达牢固的、可预期的爱，积极响应他的需求，那么他的第七感将得到发展，他的大脑中与生俱来的建立关系的潜能也将得到开发。

并不是只有父母才能创建孩子人际关系的适应策略或者心理模式。想一想，在与身边其他人的关系中，你的孩子能学到什么：一个教

人际关系心理模式

在良好的人际关系之中，孩子会发展出适应周围世界、处理人际关系的特定模式。如果父母能够向孩子表达牢固的、可预期的爱，积极响应他的需求，孩子的第七感就将得到发展，积极的人际关系心理模式就将得以创建。

练会跟他强调合作的重要性和为队友做出牺牲；一个吹毛求疵的阿姨会教导他一段关系的核心就是否定和找碴儿；某位同学戴着竞争的“眼镜”来看待所有的关系，将每个人都视为对手或敌人；一位老师强调善良和相互尊重，在与学生的互动中为孩子们做出同情的示范。

所有这些人际关系体验，都向孩子的大脑植入了“我们”的概念。记住，大脑用重复的经验或联想来预测将要发生什么。冷淡、疏远、充满苛刻或竞争的人际关系，也会影响孩子对人际关系的预期。如果孩子体验到的人际关系中充满哺育的温暖、联结和保护，这种体验就会为他们将来的人际关系做出示范，不论是与朋友、群体中的其他成员的关系，还是与伴侣和孩子的关系。

毫不夸张地说，你给孩子的人际关系带来的影响将延续数代。通过给予孩子温暖的呵护，有意识地让他们体验、熟悉我们珍视的人际关系，我们可以影响世界的未来。

为孩子创造通向联结的人际体验

除了为孩子示范良好的人际关系，父母还应该让他们练习与他人合作，从而有能力成为“我们”的一部分。毕竟，即使大脑天生具有与他人联结的能力和使命，也并不意味着孩子天生就具备人际技巧。天生肌肉发达并不能保证你能成为运动员，你还需要学习和练习具体的技巧。同样，孩子不会一出娘胎就分享玩具，更不会一开口就说：“我会克制自己的欲望，以便我们能够达成双赢。”

相反，占据幼儿词汇表的语汇大多是“我的”“我”或者“不”，这些都说明他们缺乏对作为“我们”的一分子的理解。因此，他们必须学习第七感技巧，比如分享、宽恕、牺牲和倾听。

罗恩和桑迪的孩子科林看起来非常以自我为中心，但这种情况对一个孩子来说是很正常的。他只是还没有完全掌握对成为一个合格的家庭成员来说必备的第七感技巧。罗恩和桑迪期望科林在 7 岁之前能更加融入家庭，成为合格的家庭成员。虽然他在人际关系方面的智能正在稳步增强，但他仍然需要多加练习。

对害羞的孩子来说也是如此。丽莎向我们描述了她儿子在朋友 4 岁生日聚会上的画面。

> 生日聚会上，所有的孩子都紧紧地围绕在一位装扮成“爱探险的朵拉”[①]的年轻女士身边，除了丽莎的儿子伊恩，他坚定地站在离这些合群的孩子两米远的地方。上幼儿园的音乐课时，他的情况也差不多，当其他小朋友又唱又跳，用手指学童谣《小蜘蛛》时，伊恩只肯坐在丽莎的腿上，羞涩地旁观。
>
> 多年以来，丽莎和丈夫不断地鼓励儿子去建立新的关系，他们小心翼翼，但并不逼他。通过不断地给伊恩创造与其他小朋友互动的机会，向他演示如何交朋友，在他感到紧张害怕时支持和安慰他，他们帮助这个内向的孩子掌握必需的社交技巧。

---

①《爱探险的朵拉》(*Dora the Explorer*)中的主人公。该剧由美国尼克频道制作，是一部风靡全球的美式英语教学片，专为学龄前儿童设计。——译者注

现在，虽然伊恩在社交场合仍然不会一往无前，但他总是很自在，有时候甚至很活跃。他在跟人说话的时候，能够看着他们的眼睛，敢在班上举手回答问题，甚至还常常在课间休息时热情地带头领唱《带我去看棒球赛》[①]呢。

研究人类个性的研究者们告诉我们，害羞的个性在很大程度上是父母遗传给孩子的，它实际上是一个人一出生就带有的核心个性。但这并不意味着害羞不能得到大幅度的改善，看看伊恩这个例子就知道了。事实上，父母如何对待孩子的害羞，将直接影响孩子如何对待自己的这部分个性，也决定了孩子未来害羞的程度。

我们的意思是，父母如果对孩子采取正确的教育方式，就能够影响孩子天生的、遗传而来的气质。通过鼓励并创造机会教孩子掌握第七感技巧，我们可以为孩子与他人相处、体验有意义的人际关系做好充足的准备。我们稍后将讨论具体的步骤，不过在此之前得先解释一下，为何要让孩子在关系中学会开放。

帮助孩子在关系中学会开放

如果想把孩子培养成关系中健康独立的个体，我们就需要帮助他们进入一个开放、包容的内在状态，而非封闭、防御式的状态。我为许多家庭

①《带我去看棒球赛》（*Take Me Out to the Ball Game*）是 20 世纪初美国歌曲，由于广受欢迎，成了非官方的棒球歌曲。传统上，球场会在第七局的伸展活动中播放这首歌，而球迷也会跟着旋律合唱。——译者注

做过的练习可以说明这一点。

首先，我告诉他们，我将重复地念一个词数次，而他们只需要注意自己的身体感觉。第一个词是“不”，我用坚定和稍带严厉的语气重复念了7次，每次间隔2秒。然后稍作停顿，再用清晰而温柔的语气重复念7次“是”。之后，大部分客户反馈，“不”字听起来让人压抑而愤怒，他们感觉自己被封闭和训斥了；相反，“是”字让他们感觉镇定、平静甚至轻松。你可以现在就闭上眼睛，自己试一试这个练习。注意在你或你的朋友数次说出“不”和“是”时你身体的反应。

这两种不同的反应表明了防御式心态和开放式心态的区别。当神经系统进入防御模式时，实际上这是一种“战斗—逃跑—僵住”的反应状态。在这种状态下，一个人几乎不可能以一种开放和关爱的方式与另一个人联结。

还记得杏仁核和下层脑中，一旦你感到威胁就不假思索、即时反应的部分吗？当我们的全部焦点都集中在自我防御上时，我们的任何行为都只是在说“不”的状态下的条件防御。我们草木皆兵，难以相处，不能认真倾听，先入为主地认为他人有罪，无法考虑他人的感受。把恐惧投射到所听到的话语之上，即使中立的评论也会变得火药味十足，这就是我们在防御式心态下，随时准备战斗、逃跑或僵住时的状态。

防御式和开放式心态

处于防御式心态时，我们几乎不可能以开放和关爱的姿态去与其他人联结；而当我们处于开放式心态时，我们会积极地与他人建立联结，并在与他人的关系中体会到安全感和存在感。

另一方面，当我们处于开放式心态时，大脑中一组不同的神经通路便被激活了。在上面的练习中，进行至“是”的部分时，大部分人都会有一种积极的体验。他们的面部肌肉和声带放松了，血压和心率恢复正常，更加开放地理解他人想要表达的东西。简而言之，他们变得更加开放了。防御式反应来源于下层脑，只会给我们带来封闭、沮丧、防卫的感受。相反，开放式心态能开启上层脑中一组不同的神经通路，即社交系统，让我们与他人联结，并体会到安全感和存在感。

父母在与孩子互动的时候，最好能辨别出他们是处于防御式状态还是开放式状态。这当然也要求父母具备一定的第七感。我们需要考虑孩子在特定情况下的特定状态，也需要考虑我们自己的状态。

当你拖着 4 岁的孩子离开公园时，他尖叫着“我还想荡秋千”，这时可能并不是跟他谈论“恰当地控制自己的强烈情绪”的好时机。等他的防御式状态过去，他变得更加开放时，再跟他谈你希望下一次他在感到失望时如何表现。

同样，当你 11 岁的孩子发现他被向往已久的艺术项目拒绝时，即使你想安慰他，也可能需要忍一忍，别急着抛出“保持希望”“另作打算”之类的外交辞令。下层脑的防御式状态无法处理上层脑的语汇。在防御式状态下，非语言的沟通通常要有效得多。

随着孩子的成长，我们要帮助他们在关系中变得更加开放，让其掌握与他人合作的第七感技巧。然后，开放将升华为共鸣，这种由内而外与他人的融合，将让他们享受到有意义的人际关系带来的深刻与亲密的感觉。否则，孩子的心灵将漂泊无依，他们始终被孤立的感觉所左右，没有愿望，也没有能力融入他人。

在我们讲述鼓励开放的人际技巧之前，最后再说一点：在帮助孩子与人交往的过程中变得更加开放之时，我们要时刻谨记保持他们的独立个性的重要性。如果一个10岁的女孩使尽浑身解数要打入学校里的“坏女孩”圈子，问题可能不在于她不够开放，不能融入“我们”，而是刚好相反，她丧失了“我”的概念，对那帮不良少女言听计从。

任何健康的人际关系，无论是亲情、友情、爱情，还是其他情感，都是由心理健康的个体相互联结而成的。要成为健康良好的“我们”的一部分，个体必须同时是独立的“我”。然而就像我们不希望我们的孩子过分偏向左脑或右脑一样，我们同样也不希望他们过于个人主义，这将导致他们自私、孤立或者过分依赖他人，令他们头脑贫乏、依赖性强、心理过于脆弱，容易在不健康和有害的关系中受伤。我们希望孩子拓展思维，建立整合的人际关系。

整合我们自己

对父母而言，生活中最重要的“我们”就是你与孩子的关系。亲子关系对孩子的未来影响深远。不断有研究表明，如果父母能够持续、稳定地了解和敏锐地回应孩子的情绪及需要，那么孩子的社交能力、情感甚至学术都将得到更好的发展。

当亲子关系非常稳固时，孩子也会表现得更好，其中的原因目前还没有确切的研究成果加以说明。你可能更感兴趣的是，是什么造就了这样稳固的亲子关系。这与我们的父母如何养育我们以及我们读了多少育儿书籍无关，而是取决于我们如何理解自己与父母的关系；取决于我们对孩子的需求的敏感程度以及他们成长得有多好，而前者对亲子关系影响巨大。

这一切可归结为所谓的“生命叙事”，即我们如何讲述自己的生命故事，我们如何看待自己、如何看待自己的心路历程。我们的叙事方式决定了我们对过去的感受、对人们比如父母行为方式的理解以及我们对那些影响了我们成长的事件的认识。如果我们的生命叙事清晰连贯，我们就能明白自己所经历的一切以及过去如何塑造了我们。

未经审视和理解的生命叙事会限制当下的我们，也可能导致我们用一种防御式状态来养育子女，并且把这些早年给过我们伤害的痛苦经历强加给我们的孩子。想象一下，你的父亲有一个艰辛的童年，也许他的家庭是一个情感沙漠，他的父母在他害怕或悲伤的时候不能安抚他，家庭成员之间关系冷淡、疏远，他只能独自承受生活的艰辛。你的祖父母如果毫不关注你的父亲和他的情绪，就会给他留下很深的创伤。

因此，成年之后，他可能没有能力给作为孩子的你提供你需要的温暖。他可能没有与人相处和建立亲密关系的能力，可能不懂得如何回应你的情绪和需要，在你感到悲伤、孤独或害怕的时候也只会叫你“坚强一点”。所有这些都可能来自他自己都意识不到的内隐记忆。然后，当你成年并且为人父母之后，也有把同样的破坏性模式传递给你的孩子的危险。这可真是个无比糟糕的消息。

不过，值得庆幸的是，如果你理解了自己的经历，理解了父亲的创伤和他在人际关系方面的限制，你就能打破这个传递痛苦的循环。你可以反思这些经历以及它们对你造成的影响。

你也可以简单地用与你的父母培养你相反的方式来养育你的孩子，即开放式。但正确的做法是，开放地反思你与父母的关系如何影响了你。你可能需要处理那些在你无意识的情况下影响你的内隐记忆。找心理治疗师来处理这个问题会很有帮助，你也可以跟朋友分享这些经验。

无论你怎么做，重要的是要清醒地认识你自己的故事，因为通过镜像神经系统和内隐记忆，我们会把我们的情绪直接传递给孩子，不论好坏。要知道，孩子会接受和经历我们的体验，这个重要的体悟会激励我们去理解自己的故事，包括一切欢笑与泪水。然后，我们将真正理解孩子的需要和传达的信号，创建安全的依恋关系和强大而健康的联结。

研究显示，有不幸童年的父母也能和那些成长于稳固的、充满关爱的家庭中的父母一样，正确地养育孩子，让孩子感觉被爱，建立安全的依恋关系（见图 6-1）。无论什么时候，你都可以重新认识并重新讲述你生命的故事，只要去做，你的孩子一定会从中受益。

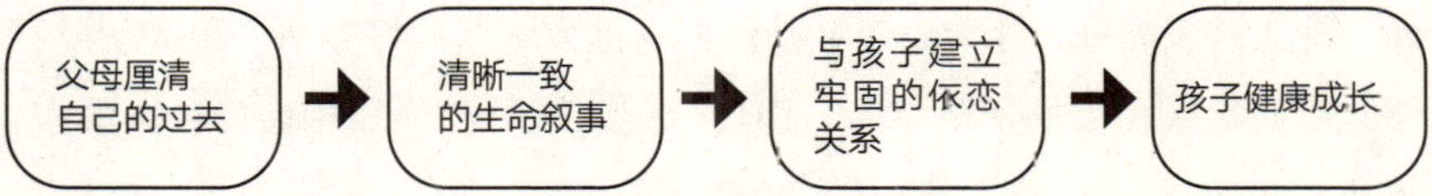

图 6-1　改变父母早期经验对孩子的影响

我们想竭力澄清：童年经历并不等于命运。通过理解自己的过去，你可以把自己从世代遗传的痛苦和不安全依恋的命运中解救出来，并且为你的孩子创造满载关怀和爱意的财产。

全 脑 教 养 指 南

帮助孩子整合自我与他人

全脑教养第 11 法

亲子互动：让家庭充满幸福感

你有没有这样的感觉：你的大部分时间，要么用在管束孩子上，要么用于带着他们在各种活动中“赶场”，而没有足够的时间享受彼此在一起的时光？不只是你，大多数人偶尔都会有这样的感觉。有时候人们就是容易忽略简单的天伦之乐。

我们的天性除了融入彼此之外，还有玩乐和探索。实际上，“玩耍教育”是让孩子提升人际能力、鼓励他们与他人联结的好办法。因为玩耍会带给他们与人相处的积极体验，而这个他人就是与他们相处得最久的人：父母。

当然，应该为孩子设立规则和边界，让他们为自己的行为负责，但是在你保持自己的威信的同时，不要忘记跟他们愉快地玩耍。做游戏、讲笑话、搞怪、关注他们关心的事情……他们越享受和你们在一起的时光，就越看重人际关系，也越会对未来的人际关系抱有积极健康的期待。

原因很简单。当你们一家人在一起时，孩子享受到的每一次快乐、愉悦的亲子时光，对于他们与他人相亲相爱都是一种正面强化。其中一个原因与大脑中分泌的化学物质多巴胺有关。多巴胺是一种神经递质，它能够加强脑细胞之间的沟通。当愉快的事情发生时，脑细胞会接收到“多巴胺喷涌”，促使你想要再次体验这种快感。

这意味着当你的儿子用“彼得潘之剑”将你“刺死”并高兴地尖叫时，当你和女儿一起在音乐会或客厅中跳舞时，当你和孩子一起整理花园时，这些经验都在加强你与孩子之间的联系，并且让他们知道：人际关系是积极的、有回应的、充实的。所以，大胆尝试吧，比如就在今天吃完晚餐后大声宣布：“所有人一起把盘子送回厨房，然后带上一条毯子到客厅集合。今晚我们要在碉堡里吃棒冰！”

另一个可以培养孩子开放性的家庭活动是与孩子一起玩即兴游戏。这种游戏的基本概念跟即兴喜剧差不多，表演者必须采纳现场观众提出的建议，把这些随意的主意用有趣的方式融合进表演中，还得言之成理。如果你和孩子喜欢表演，你们可以一起实地进行这种即兴表演。这项活动还有一些简单的版本，比如故事接龙或词语接龙。

诸如此类的游戏和活动不仅可以让家庭欢笑不断，还能让孩子适应开放生活中各种出乎意料的转变。避免把这类游戏当成严肃的教学活动，不过你可以留心找机会，清楚明白地在游戏中传达开放的概念。自发性和创造性是非常重要的特性，新奇也能激发多巴胺的产生。

玩乐原则也同样适用于手足之间。最近的研究发现，预测成年时期手足情谊的最佳手段是看孩子们在幼年时一起玩耍的程度。虽然产生冲突的概率也很高，但同时产生的大量欢乐能够平衡这些冲突。真正的危险是手足之间互相忽略，这样也许少了在他们之间斡旋的压力，但同时也会造成他们在成年后关系疏远的结果。

所以，如果你想在你的孩子们之间发展亲密、长久的关系，参考一下这个数学公式：他们一起享受的欢乐应该多于他们经历的冲突。你永远也不可能让冲突为零，手足之间总会争吵，这很正常。但是如果你能增强公式的另一边，为他们创造大量制造积极情绪和回忆的机会，你就能在他们之间创建强大的联系，这种牢不可破的关系很可能持续一生。

手足之乐天然就存在，但你仍然可以加深这份情感。打开一盒新的粉笔，让他们一起创作一个疯狂的新怪物；让他们用摄像机制作一部片子；让他们一起为祖父母制造一个惊喜；全家骑车出游；玩桌游；一起做饼干；一起用水枪对付妈妈……只要想方设法让你的孩子们在一起玩得开心，加固他们之间联结的纽带，做什么都可以。

当孩子们彼此间生气或相互挑衅时，你还可以用玩乐甚至装傻充愣来帮助他们转换这些不好的状态。不过，有时候他们没有心情看你出丑或嬉闹，尤其是大一些的孩子，这时你就要知趣。如果你能够敏感地观测到他们对你的童心的反应，这将让你轻易而有效地帮助孩子转换感受。

你的心理状态能够影响孩子的状态，大惊小怪、神经过敏也能转换为逗乐、欢笑和联结。

图解全脑教养第 11 法

避免命令和要求

亲子互动

全脑教养第 12 法

共情力：站在他人的视角看待这个世界

我们可能想让孩子远离所有的冲突，但是我们做不到。只要他们处在关系之中，就必然要面对争吵和分歧。我们能够做的是，教给他们基本的第七感技巧，让他们知道如何用一种健康的、具有建设性的方式来处理冲突，在与人相处的过程中出现问题时懂得如何应对。

另外，每一次分歧都不只是一次要渡过的难关，同时也是你教给孩子的重要一课，是让他们拥有更好的人际关系的机会。处理冲突并不容易，对成人来说也是如此，因此我们不能对孩子期望过高。但是我们能教他们一些简单的技巧，帮助他们解决人际冲突，从而在走向成年的过程中享受人生。下面介绍三个发展第七感的技巧。

以他人的视角看世界：帮助孩子理解他人的立场

下面这个情节你可能会感到似曾相识。你正在书桌旁工作，7 岁的女儿凑了过来。她看起来很生气，向你告状说哥哥马克刚才叫她“蠢猪”。当你问她哥哥为什么说这种话时，女儿坚持说没有原因，只是反复强调“他就是说了！”

从他人的角度看待问题，对任何人来说都是很难做到的。我们习惯于从自己的视角看待事物，而且通常只看我们想看见的。但是，如果我们更多地运用第七感，从他人的视角看待世界，就有更多机会用健康的方式来化解冲突。

要教给孩子这个技巧并不容易，尤其是身处激烈的争吵中时。但是如果我们对自己的言行保持警觉，就更有可能取得理想的教育效果。比如，你可能想说：“呃，你怎么惹着马克了？我敢肯定他不会无缘无故就叫你‘蠢猪’。”

如果你能够保持冷静，明白你想要告诉女儿什么，你就可能让这场谈话有所不同。首先你会表现出你注意到了女儿的感受。记住，先联结，再引导。这将会降低她的防卫心理，让她更可能注意到哥哥的感受。然后你可以着重于你的目标，培养女儿的共情素质。

即便如此，我们也并不总是能够跟孩子顺畅沟通。但是通过向他询问他人的感受，让他明白为什么别人会做出这样的反应，就能够促进孩子共情力的培养。考虑他人的想法需要我们运用右脑和上层脑，这二者都是社会回路的一部分，让我们享受成熟、充实的人际关系。

倾听言外之意：教孩子理解非语言信息，真正听懂他人

教孩子注意听别人说话是很重要的：“认真听他说话。他说了，他不想被从水龙头出来的水冲到！”但是人际关系中很重要的一部分是倾听那些没有说出来的东西。孩子通常不太擅长这件事。这就可以解释，当你的儿子把椒盐饼干浸到妹妹的酸奶中并把妹妹弄哭了，而你训斥他时，他会说：“她明明喜欢这样啊！我们正在玩游戏呢。”

非语言信息表达的内容有时候比话语还要丰富，因此我们要做的是帮助孩子运用他们的右脑，更好地理解他人表达的东西，即便他们根本没张口。孩子的镜像神经系统已经能够正常运作了，因此我们能帮上忙的，其

实是把他们镜像神经系统之间正在交流的内容外显化。

例如，在你的儿子赢了一场重要的足球赛之后，你需要帮助他意识到，对手队伍里的他的朋友虽然说自己没事，但当时的确很需要安慰。作为证据，你可以向他指出那位朋友的身体语言和面部表情：耷拉的肩膀、下垂的脑袋和沮丧的脸。通过帮助你的儿子进行一些简单的观察，让他的第七感得到发展，以后他将能更好地理解他人，感知他人的感受。

修复关系：教孩子在冲突发生之后进行补救

我们知道道歉的重要性，也教孩子说“对不起”，但是孩子还需要知道，很多时候道歉只是一个开始，他们还需要用行动把做错了的事情纠正过来。

在某些情况下，孩子可能需要采取一些具体的、直接的行动，比如把弄坏的玩具修好，换一个新的，或者帮忙做一些重建工作。也可以采取一些温暖的、比较保险的举动，比如为这个人画一幅画，做一件善意的事，或者写一封道歉信。重点是你要帮助孩子用行动表现出爱和悔悟，表明他们考虑到了他人的感受，并且希望找到办法来修复这段关系中的裂痕。

这与之前提到的两种思维拓展策略直接相关，即共情和感同身受。要真诚地修复关系，孩子必须理解他人是如何感受的，对方为什么会感到难过。父母还可以问孩子这个问题：“如果是你心爱的东西坏了，怎样能让你好受一些？”每一次努力关心他人感受的行动都能在大脑的人际关系通路中创建更稳固的联结。

突破孩子的防卫，让他们心甘情愿地承担起责任，就是在帮助他们体谅他人受到的伤害，做出重新联结的努力，帮助他们发展第七感。有时候一个真诚的道歉就足够了：“我那么做是因为我嫉妒你，对不起。”但是孩子还需要学习采取进一步的行动来达成和解。

第七感“治好”自私的科林

我们再来看看科林，这个让父母觉得有些过分自私的7岁孩子。我们希望能给罗恩和桑迪一些魔力药丸，治愈科林的以自我为中心的毛病，并且解决他们在儿子成长过程中面临的其他问题，但显然我们做不到。不过幸好，只要罗恩和桑迪给予科林足够的关爱，从他与父母的互动开始帮助他了解人际关系的益处，就能帮助他明白关心他人和与他人建立联结的重要性。

更重要的是，通过加强刚才讨论的“在冲突中联结”的技巧，罗恩和桑迪能够帮助科林学习考虑他人的感受。例如，当科林重新装饰房间并且把弟弟的物品都挪走时，就是一个不错的教育时机，父母可以利用这个机会告诉科林很多关于人际关系的道理。

我们常常忘记“教导”的本意是“教”而非“罚”。学生是学习的主体，而非被动承受行为后果的客体。通过教导第七感，就能把冲突转化为学习、增加技能和发展大脑的机会。

在这种时候，罗恩可以让科林看着自己的弟弟，洛根正哭着把自己的画捡起来铺平。提醒科林注意洛根受到伤害的非语言信息，这可能会引发一场有益的讨论，在洛根的视角下看到的是什么：布满褶皱的画、乱扔的奖杯。仅仅让科林从洛根的视角来看待这一切，就已经是一个巨大的突破，意义非常深远。惩罚科林禁足也许能教会他以后未经允许不得挪动弟弟的东西，但也可能毫无作用，总之无益于第七感的发展。

最后，罗恩和桑迪可以讨论一下应该做些什么来修复这种状况，包括让科林向洛根道歉，并且与洛根一起画一些新的画，挂在他们共有房间的墙上。把各种状况用作帮助孩子成长和教导孩子的机会，而非需要回避的不愉快障碍，科林的父母能够将一些激烈的冲突转化为帮助孩子成长的时刻，并且让两个孩子都了解到相处的具体意义。关键在于打开第七感的窗口，让孩子的内心世界能够被他们自己和彼此所感知。

第七感能够让孩子意识到思维和情感的重要性。如果这方面发展不良，孩子仅仅会对行为做出表面反应，在缺少反思的情况下做出机械的“应付”。在培养第七感方面，父母是孩子的第一任老师，父母能够利用具有挑战性的状况，让孩子运用自己的反思系统，窥见人与人之间共享的内心世界。

当孩子掌握第七感技巧后，他们就能够学会在自己与他人的内心生活之间取得平衡。这些反思技巧同样也是孩子学习控制自己的情绪以及理解周围人的情绪的基础。

第七感是社交商和情商的基础，它让孩子了解世界是由关系组成的，他们是其中的一部分。在这个世界中，感受很重要，而联结是回报、意义和欢乐的源泉。

图解全脑教养第 12 法

避免无视和否认

从他人的视角看待这个世界

全 脑 儿 童

教孩子整合自我与他人

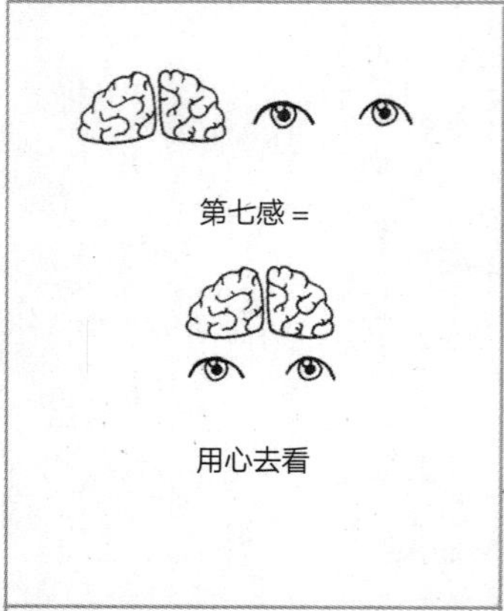

“视力”是用眼睛去看，“第七感”是用心去看，它有两层意思……

第七感的第一层意思是，向自己的内心深处看，看看那儿发生了什么。第七感让你关注头脑中的图像、想法以及体验到的情绪和身体感觉，使你更加了解自己。

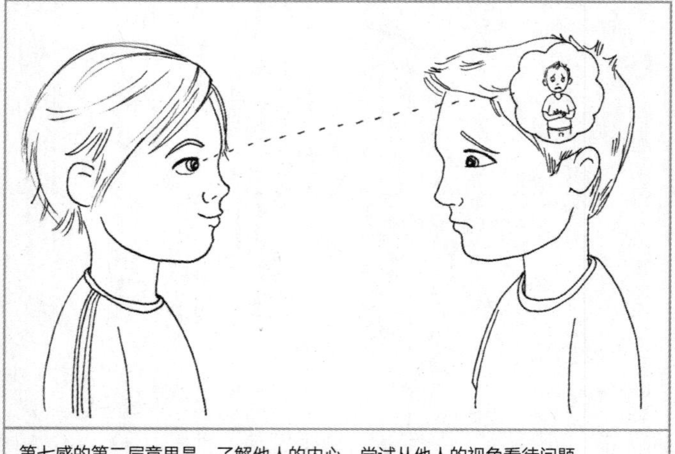

第七感的第二层意思是，了解他人的内心，尝试从他人的视角看待问题。

案例

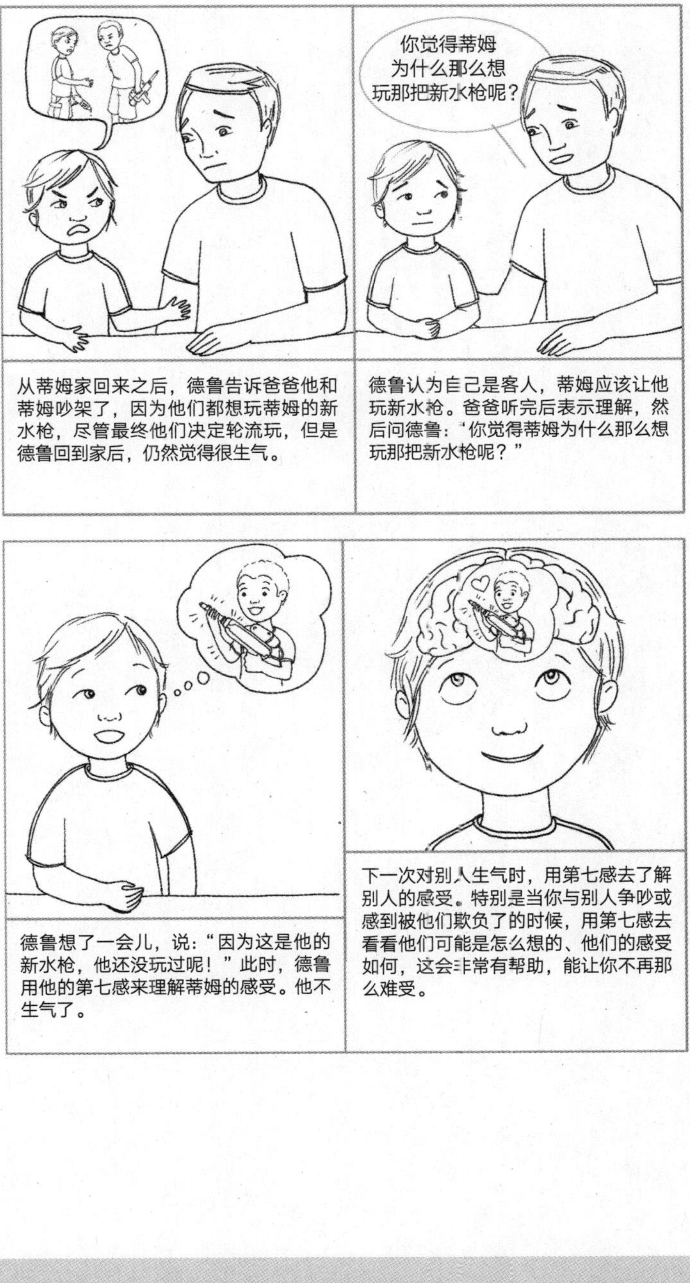
从蒂姆家回来之后，德鲁告诉爸爸他和蒂姆吵架了，因为他们都想玩蒂姆的新水枪，尽管最终他们决定轮流玩，但是德鲁回到家后，仍然觉得很生气。
你觉得蒂姆为什么那么想玩那把新水枪呢？
德鲁认为自己是客人，蒂姆应该让他玩新水枪。爸爸听完后表示理解，然后问德鲁：“你觉得蒂姆为什么那么想玩那把新水枪呢？”
德鲁想了一会儿，说：“因为这是他的新水枪，他还没玩过呢！”此时，德鲁用他的第七感来理解蒂姆的感受。他不生气了。
下一次对别人生气时，用第七感去了解别人的感受。特别是当你与别人争吵或感到被他们欺负了的时候，用第七感去看看他们可能是怎么想的、他们的感受如何，这会非常有帮助，能让你不再那么难受。

让孩子拥有高质量的人生

我们都在孩子身上寄托了很多希望和梦想。大多数父母希望孩子快乐、健康、独立自主。整本书都在传达这样的信息，即只要你用心度过与孩子相处的日常时光就能让上述梦想成真。这意味着那些明显可以施教的情境、艰难的时刻，甚至是单调的日常时光都可以用来帮助孩子获得快乐和成功、建立健康的人际关系并且实现自我肯定。简而言之，拓展孩子的思维，帮助他们成为“全脑儿童”。

全脑教养法教出好人生

正如我们讨论过的，全脑教养法最主要的益处之一就是，它能用来解决日常生活中那些给亲子间的快乐和联结带来困扰的养育难题。它不仅能让你成为合格的父母，还能加强你与孩子之间的联结，加深你对亲子关系的理解。对整合的理解能够让你有能力和自信处理亲子之间的问题，从而与孩子建立更亲密的关系，更了解他们的想法，并且帮助他们塑造积极健康的大脑。基于全脑教养法的养育模式，不仅会让你的孩子健康成长，也会使你们之间的关系更具活力。

全脑教养法不仅关乎这个可爱但有时可气的孩子的现在，而且关乎他的未来。全脑教养法意味着整合孩子的大脑，培养他的思维，教给他伴随青少年和成人阶段的技能。通过整合和发展他们的上层脑，你将让孩子成为别人更好的朋友、伴侣和父母。当一个孩子学会了审视自己的感觉、意象、感受和念头后，他就对自己有了更深的了解，也就能更好地掌控自己与他人的联结。

同样，通过教孩子在冲突中联结，他们将学会把不愉快的争论看作机会，尝试了解他人的想法，这是送给孩子的无价礼物。整合关乎孩子能否茁壮成长，也关乎孩子现在和将来的幸福。

全脑教养法代代传承

如果能考虑到全脑教养法的代际影响，你就更加了不起了。你是否意识到，现在的你有能力对未来产生积极的影响？通过赋予孩子运用“全脑”的能力，你影响的不只是孩子的生活，还包括那些与他们互动的人的生活。还记得镜像神经系统和大脑的社会性吗？正如我们解释过的，孩子的大脑不是孤立的、在真空中运行的“单脑壳”器官，自我、家庭和社区从根本上来说是以神经为基础联结在一起的。即使在忙碌、被动和孤独的日常生活中，仍然要记得这个根本的现实，即我们所有人都互相依赖，互相联结。

明白这个道理的孩子，不仅有机会让自己变得更幸福、更有价值和更有智慧，而且可以把这些知识传递给他人。例如，当你教孩子运用内部遥控器来让内隐记忆外显化时，你就是在帮助他们培养自我反思的能力，这将令他们更擅于与他人建立有意义的互动关系。在你教他们理解和使用觉知环时也是如此。一旦懂得如何整合自我的各个部分，他们就能更深刻地理解自己，并且主动选择与周围人的交往方式。他们能为自己的生活之舟掌舵，更长久地处于和谐幸福的状态之中。

我们不断发现，传授他人整合的概念及其在日常生活中的运用之道，具有深远和持久的正面效用。对孩子来说，这种方式能够改变他们的发展方向，准备好过一种有意义的、仁爱的、灵活的、有弹性的生活。一些受过思维拓展训练的孩子，能够说出超越年龄的智慧言辞。

我们认识一个 3 岁的孩子，他很擅长识别并表达看似矛盾的情绪。他跟保姆凯蒂待了一个晚上，当父母回到家时，他告诉他们："你们不在时我很想念你们，但是我跟凯蒂玩得也很开心。"一个 7 岁的孩子在去参加家庭野餐会的路上对父母说："我决定了，在公园里不向大家宣布我指头受伤的事了。我只告诉别人这是我自己弄伤的，然后高高兴兴地玩儿。"对于这么小的孩子而言，自我觉察水平能够达到这个程度似乎很惊人，这恰恰展示了全脑教养法能够创造的可能性。当你成为自己人生故事的主动叙述者而不仅仅是历史的被动记录者时，你将更加热爱生活。

你会看到，这样的自我觉察能力在今后将会有助于创建健康的人际关系，特别是当你的孩子也为人父母之后，这对他们的孩子也意义重大。培养一个全脑儿童，就是为你未来的孙子孙女准备重要的礼物。现在，闭上你的眼睛，想象你的孩子抱着他的孩子，感受你正在传递的力量。不仅如此，你的孙辈还可以把他们从父母身上学到的东西继续传承下去，这份承载着快乐和幸福的遗产将得以永续。想象一下，你正看着你的孩子联结并引导你的孙儿们！如此，我们跨越了代际，将我们的生活整合在一起。

全脑教养法创造美好家庭

我们希望这一景象能够激励你成为理想的父母，但是有时候你就是无法达到自己的理想标准。是的，我们分享的很多理念需要通过你和你的孩子切实的努力才能实现。毕竟，回溯和重述痛苦的经历、当孩子难过的时候运用上层脑而不是下层脑，真的不是容易的事。但是全脑教养法中的每一种方法都配备了可以即刻采用、让你的家庭生活更美好、更易掌控的具体步骤。

你并不需要成为一个完美的父亲或母亲，或者遵守什么预定的程序让你的孩子成为完美的小机器人，你会像我们一样一直犯错，你的孩子也会像我们的孩子一样一直犯错。但是全脑教养法的美妙之处就在于，它让你明白即使是错误，这也是成长和学习的机会。这种方式要求我们对自己的行为和目标保持主动，同时接受我们只是普通人这一事实。我们的目标是有意识和专注，而不是僵硬、严厉的完美主义。

一旦你了解了全脑教养法，你就很可能急于与那些将会跟你一起承担养育后代责任的人分享。父母会很狂热地跟老师、其他看护人等对孩子的健康福祉负有责任的人以及其他父母分享他们所知道的一切。你会拥有一个更广阔的视角，参与创建一个整合的社会，它由人际关系充实的社区所组成、注重当代和后代的情感健康。所有人在精神层面和社会层面联结起来，将整合带入我们的生活，创造一个幸福的世界。

我们热忱地相信，父母能够对孩子产生积极的影响，也能对社会产生积极的影响。对父母来说，没有什么比主动地塑造孩子的头脑更重要的了。你所做的一切影响深远。

话虽如此，还是不要给自己太大压力。我们强调了把握机会的重要性，不过要百分之百做到是不现实的。重点在于，要对有助于孩子发展的日常机会保持机警和清醒。但这并不意味着你必须不断地提到大脑或者反复督促孩子回忆重要的经历。更重要的是，你们要放松地一起玩乐。是的，有时候错过了教导时机也没关系。

这些关于你有能力塑造孩子的大脑、影响他的未来之类的话，一开始可能让你难以置信，特别是遗传因素和生活经历，对孩子的影响是父母难以控制的。但是，如果你真的掌握了全脑教养法的精髓，你会看见，它能将你从不能做一个好父母的恐惧中解救出来。你没有义务去避免所有的错误，就像你不可能消除孩子面临的所有障碍。相反，你的工作是陪伴他们，与他们联结，和他们共同经历生命旅程中的跌宕起伏。

《全脑教养法》这本书的好处在于，即使养育孩子的过程不太顺利，即使你犯了很多错误，这些也都是你帮助孩子成长、学习，帮助他拥有快乐、健康、充实的人生的机会。不要忽视他们的激烈情绪，也不要把他们的注意力从内心的挣扎中移开。你可以帮助他们整合大脑，陪伴他们迎接挑战，一直在他们身边，增强亲子联结，让你的孩子感受到被关注、被倾听和被照顾。希望我们在本书中分享的内容能够为你打下坚实的基础，给予你启发，为你的孩子和家庭创造你期望的生活——今天、未来，并代代相传。

全脑教养 12 法

整合左右脑

第❶法 聆听与关注：当孩子难过时，首先要进行情感联结，即右脑对右脑的联结。一旦孩子能够控制情绪了，再引入左脑式的教育和规范。

第❷法 经历分享：当孩子无法控制激烈的右脑情绪时，帮助他述说让他难过的事情，从而让左脑发挥功能，让孩子厘清自己的经历，更有掌控感。

整合上下脑

第❸法 动脑莫动气：在应激状态下，调动孩子的上层脑，而不要刺激下层脑。不要随便说“我说了算”。应该向孩子问问题，用商量代替选择甚至谈判。

第❹法 越用越灵光：提供大量锻炼上层脑的机会。玩“你会怎么做”的游戏，避免替孩子做复杂的决定。

第❺法 运动改造大脑：当孩子与自己的上层脑失去联系时，帮助他通过运动身体来重获平衡。

整合记忆

第❻法 思维遥控器：当孩子不愿意重述某段痛苦经历时，教他运用内心的遥控器，在重述时暂停、重放或快进，从而让他掌控重述进程。

第❼法 提问和鼓励：帮孩子留下更多回忆，让他们练习回顾重要事件，在车上、餐桌旁，任何地方都可以。

整合自我

第❽法 浮云原理：提醒孩子，感受像浮云一样来了还会走；它们是暂时的状态，而非长久的特质。

第❾法 情绪调色板：帮助孩子关注内在的感觉、意象、感受和念头。

第❿法 第七感：通过第七感练习，孩子能够学会让自己平静下来，按照自己的意愿分配注意力。

整合自我与他人

第⓫法 亲子互动：在家庭中制造欢声笑语，这样孩子将与最亲近的人享有积极、满意的人际体验。

第⓬法 共情力：把冲突看作机会而非需要避免的障碍，利用冲突教孩子一些必需的人际技巧，比如从他人的视角看待问题、读懂非言语信息、修复关系等。

各年龄段儿童全脑教养指南

随着孩子的成长，你可能需要一些帮助，以便把全脑教养 12 法应用于不同年龄段的孩子。我们明白这一点，因此制作了下面这张表格。表格中的一些建议在不同年龄段可能有所重叠，这是因为孩子不同的发展阶段之间是有关联的。我们的目标是确保本书在你的孩子成长和变化的过程中，可以一直作为重要的资源，在孩子的每个年龄段为你提供清晰、具体的工具。

婴儿/幼儿（0～3 岁）

整合类型	全脑教养法	应用技巧（0～3 岁）
整合左右脑	第 1 法　聆听与关注：当孩子难过时，首先要进行情感联结，即右脑对右脑的联结。一旦孩子能够控制情绪了，再引入左脑式的教育和规范。	教孩子了解情绪，越早越好。感受他的感受，运用非语言信息比如拥抱、同情的表情来表达对他的理解：“你感觉自己很失败，对吗？”一旦完成了联结，就要设置界限：“不要咬人，会痛。”最后将孩子的注意力引向合适的行为，或转移到其他事物上：“嘿，看，这是你的小熊。我好久没看见它了。”
	第 2 法　经历分享：当孩子无法控制激烈的右脑情绪时，帮助他述说让他难过的事情，从而让左脑发挥功能，让孩子厘清自己的经历，更有掌控感。	即使孩子还小，也要让他养成了解和识别感受的习惯：“你看上去很悲伤。”把事情经过叙述一遍。对很小的孩子，你要承担讲述者的角色。可以用语言描述刚才摔的这一跤，甚至可以表演出来，最好采用幽默的方式，让孩子着迷。可以做一个家庭相册，用图片或相片来重述那个让孩子难受的故事。

续表

整合类型	全脑教养法	应用技巧（0～3岁）
整合上下脑	第3法　动脑莫动气：在应激状态下，调动孩子的上层脑，而不要刺激下层脑。不要随便说“我说了算”。应该向孩子问问题，用商量代替选择甚至谈判。	没有人喜欢听“不”，这一招对幼儿来说尤其没用。尽量避免直接用权力来压制孩子。把“不”留到真正需要的时候。下一次当你想阻止孩子用棍子敲打镜子的时候，要忍住，鼓励他用上层脑思考：我们去外边好不好？在院子里你想怎么玩棍子呢？
	第4法　越用越灵光：提供大量锻炼上层脑的机会。玩“你会怎么做”的游戏，避免替孩子做复杂的决定。	尽量想办法让孩子用他的上层脑来为自己做决定。“今天你想穿蓝T恤衫还是红T恤衫？”“晚餐时你想喝牛奶还是水？”当你们一起读书的时候，可以问他一些有助于大脑发育的问题：“你认为小猫会怎么从树上下来？”“为什么那个女孩看起来很悲伤？”
	第5法　运动改造大脑：当孩子与自己的上层脑失去联系时，帮助他通过运动身体来重获平衡。	当孩子感到难过时，首先要承认他的感受。然后尽快让他行动起来。跟他打闹，玩模仿游戏，跟他比赛跑到卧室再跑回来。让他动起来，你就能调整他的情绪。
整合记忆	第6法　思维遥控器：当孩子不愿意重述某段痛苦经历时，教他运用内心的遥控器，在重述时暂停、重放或快进，从而让他掌控重述进程。	这个年龄段的孩子可能还不懂什么是遥控器，但是他们懂得故事的力量。珍惜孩子愿意一遍遍说故事的时光。这个阶段你用不到“暂停”和“快进”，只需要不断地按“播放”，反复述说同一件事。讲故事能够带来理解、治愈和整合。
	第7法　提问和鼓励：帮孩子留下更多回忆，让他们练习回顾重要事件，在车上、餐桌旁，任何地方都可以。	你可以通过问一些简单的问题，将孩子的注意力引向当天的各种细节。“我们今天去凯丽家了，是不是？你还记得我们在那里玩了什么吗？”建立一个整合的记忆系统框架离不开这些问题。

续表

整合类型	全脑教养法	应用技巧（0～3岁）
整合自我	第8法　浮云原理：提醒孩子，感受像浮云一样来了还会走；它们是暂时的状态，而非长久的特质。	为孩子意识到“感到”和“是”之间的区别打下基础。当孩子感到悲伤、生气或害怕时，他们不明白这样的感受不会永远持续下去。因此，你要帮他们说：“我现在觉得很悲伤，但是我知道我待会儿就会开心起来。”但是不要因此忽视孩子的真实感受。
	第9法　情绪调色板：帮助孩子关注内在的感觉、意象、感受和念头。	帮助孩子了解并谈论内心世界。通过提问来引导他留意身体感觉（“你觉得饿吗”）、心理意象（“当你想到奶奶的家时会出现什么画面”）、感受（“积木倒掉的时候真让人难过，是吗”）和念头（“你觉得明天吉尔过来会发生什么”）。
	第10法　第七感：通过第七感练习，孩子能够学会让自己平静下来，按自己的意愿分配注意力。	即使是很小的孩子也能学会让自己平静下来，放松呼吸，短短几秒钟就足够了。让孩子平躺下来，放一个玩具船在他肚子上。教他做缓慢、深长的呼吸，让玩具船随着呼吸起伏。这个练习时间不宜过长，因为孩子还小。让他体验到镇定、安静和平和的感觉就行了。
整合自我与他人	第11法　亲子互动：在家庭中制造欢声笑语，这样孩子将与最亲近的人享有积极、满意的人际体验。	让孩子做主导，你来跟他玩。胳肢他，跟他一起大笑，爱他。把东西叠起来，再推倒。敲击锅碗瓢盆，去公园，滚皮球。在每一次与孩子互动的过程中，只要你全身心地关注孩子、配合孩子，你就能在他的头脑中创造爱与人际关系的积极期待。
	第12法　共情力：把冲突看作机会而非障碍，利用冲突教孩子一些必需的人际技巧，比如从他人的角度看待问题、读懂非语言信息、修复关系等。	跟孩子讨论分享和轮流的概念，不过不要对他们期望太高。接下来的几年你还有很多机会教他们社交技巧和规矩。现在，如果他与另一个孩子发生冲突，那就帮助他表达自己和对方的感受，还可以帮助他们解决问题。然后引导他们去玩一项有趣的新活动。

学龄前儿童（3 ～ 6 岁）

整合类型	全脑教养法	应用技巧（3～6岁）
整合 左右脑	第1法　聆听与关注：当孩子难过时，首先要进行情感联结，即右脑对右脑的联结。一旦孩子能够控制情绪了，再引入左脑式的教育和规范。	首先，慈爱地倾听孩子为什么而难过。拥抱他，用关爱的非语言交流向他重复你听到的："莫莉不能过来了你真的很失望吧？"一旦你们联结上，就可以引导他解决问题，并教导他合适的行为："我知道你很难过，但是你对妈妈要礼貌。""今天还有什么想玩的吗？也许我们可以看看莫莉明天能不能来。"
	第2法　经历分享：当孩子无法控制激烈的右脑情绪时，帮助他述说让他难过的事情，从而让左脑发挥功能，让孩子厘清自己的经历，更有掌控感。	无论是小挫折还是大创伤，一旦完成了右脑对右脑的联结，就可以立即开始重述的过程。这个年龄段的孩子还需要你的引导："你知道我看见什么了吗？我看见你在跑，当你踩到那个很滑的地方时，你就摔倒了。是这样的吗？"如果他不能接着你的话说下去，你可以继续引导他："你哭了起来，我就向你跑过来了……"可以做一个家庭相册，用图片或相片来重述一个让孩子难受的故事。
整合 上下脑	第3法　动脑莫动气：在应激状态下，调动孩子的上层脑，而不要刺激下层脑。不要随便说"我说了算"。应该向孩子问问题，用商量代替选择甚至谈判。	设置清晰的边界是很重要的，但是不宜经常直接而严厉地说"不准"。当孩子很难过时，与其说"我们不能那样做"，不如问他"还有其他的处理方式吗"。当孩子运用上层脑想出新的解决方案时，立即称赞他。一个避免发生直接权力碰撞的好问题是："你能想出一个让我们都满意的好办法吗？"
	第4法　越用越灵光：提供大量锻炼上层脑的机会。玩"你会怎么做"的游戏，避免替孩子做复杂的决定。	除了教孩子认识形状、字母和数字之外，还可以跟孩子玩一个"你会怎么做"的游戏，向他呈现假设的困难情境。"如果你在公园里发现一个很想要的玩具，但是你知道它是别人的，你会怎么做？"跟孩子一起读书，让孩子推测故事的走向和结局。还有，给他创造为自己做决定的机会，两难的处境尤其必要。

续表

整合类型	全脑教养法	应用技巧（3～6岁）
整合上下脑	第5法　运动改造大脑：当孩子与自己的上层脑失去联系时，帮助他通过运动身体来重获平衡。	这个年龄段的孩子喜欢活动。所以，当孩子情绪不佳时，首先承认他的感受，然后找理由让他动起来。跟他摔跤，和他比赛吹气球，跟他来回扔球，直到他告诉你他为什么感到烦恼。活动身体是改变情绪的有效办法。
整合记忆	第6法　思维遥控器：当孩子不愿意重述某段痛苦经历时，教他运用思维遥控器，在重述时暂停、重放或快进，从而让他掌控重述进程。	这个阶段的孩子可能很爱讲故事。鼓励他把发生的所有事情都讲出来。如果事情意义重大，那就要反复讲述事情的经过。尽管他还不会使用思维遥控器，但他也可以“快退”和“暂停”，他可能会希望你一遍又一遍地讲述他生命中的重要经历。你要做好“重放”的准备，而且你需要明白，每一次讲述都是在治愈和整合。
	第7法　提问和鼓励：帮孩子留下更多回忆，让他们练习回顾重要事件，在车上、餐桌旁，任何地方都可以。	通过提问来锻炼记忆力：“还记得克里斯叔叔带你去吃刨冰吗？”玩记忆游戏，比如让孩子找配对或相似的东西，对于那些你想让孩子记住的重要事件，你们可以轮流谈论对自己来说印象深刻的细节。
整合自我	第8法　浮云原理：提醒孩子，感受像浮云一样来了还会走；它们是暂时的状态，而非长久的特质。	孩子之所以无法承受强烈的情绪，是因为他们不能把这些情绪看作暂时的。所以，当你在安慰孩子时，告诉他感受会来，也会离开。让他认识到，我们应该承认情绪的存在，并且虽然现在他很伤心、生气或害怕，但很快他又会快乐起来。你甚至还可以暗示和诱导他：“你觉得你什么时候会好一些？”
	第9法　情绪调色板：帮助孩子关注内在的感觉、意象、感受和念头。	跟孩子谈论内心世界。让他明白，他可以注意到并且谈论他的头脑和身体中发生的一切。他可能还没有准备好启动“审视机制”，但是你可以通过提问来引导他关注身体感觉、心理意象、感受和念头。

续表

整合类型	全脑教养法	应用技巧（3 ～ 6 岁）
整合自我	第 10 法　第七感：通过第七感练习，孩子能够学会让自己平静下来，按自己的意愿分配注意力。	可以让这个年龄段的孩子练习深呼吸。让孩子平躺下来，放一个玩具船在他肚子上。教他做缓慢、深长的呼吸，让玩具船随着呼吸起伏。对这个年龄段的孩子，你还可以激发他生动的想象，让他练习专注和调整情绪："想象一下你正在温暖的沙滩上休息，你感觉平静和快乐。"
整合自我与他人	第 11 法　亲子互动：在家庭中制造欢声笑语，这样孩子将与最亲近的人享有积极、满意的人际体验。	多花点儿时间陪孩子，跟他一起玩游戏，一起欢笑。让他跟兄弟姐妹和祖父母建立良好的关系。装傻扮丑，把暗地里的力量角逐转化为愉悦有趣的联结。
	第 12 法　共情力：把冲突看作机会而非需要避免的障碍，利用冲突教孩子一些必需的人际技巧，比如从他人的角度看待问题、读懂非语言信息、修复关系等。	利用孩子面临的手足冲突、同学矛盾甚至亲子问题来教他如何与他人相处。分享、谅解、宽恕都是他需要学习的重要概念。成为他的榜样，抓住时机平等地跟他对话，帮助他理解与他人相处的意义，教他关心和尊重他人。

低年级学龄儿童（6 ～ 9 岁）

整合类型	全脑教养法	应用技巧（6 ～ 9 岁）
整合左右脑	第 1 法　聆听与关注：当孩子难过时，首先要进行情感联结，即右脑对右脑的联结。一旦孩子能够控制情绪了，再引入左脑式的教育和规范。	首先倾听，复述孩子的感受。同时，运用非语言交流来安抚他。肢体接触、同情的面部表情，仍然是舒缓激烈情绪的有效工具。然后引导他解决问题，并且根据具体情况，定下规矩，设置边界。

续表

整合类型	全脑教养法	应用技巧（6～9岁）
整合左右脑	第2法　经历分享：当孩子无法控制激烈的右脑情绪时，帮助他述说让他难过的事情，从而让左脑发挥功能，让孩子厘清自己的经历，更有掌控感。	无论是小挫折还是大创伤，一旦完成了右脑对右脑的联结，就可以立即开始重述的过程。问一系列问题："你刚才没有注意到秋千向你荡过来吗？""当老师对你说这些话的时候他正在做什么？"可以做一个家庭相册，用图片或相片来重述一个让孩子难受的故事，跟他们一起为面对那些令人害怕的事情做准备，比如看牙医、搬家等。
整合上下脑	第3法　动脑莫动气：在应激状态下，调动孩子的上层脑，而不要刺激下层脑。不要随便说"我说了算"。应该向孩子问问题，用商量代替选择甚至谈判。	老规矩，首先要建立联结。别一上来就说"我说了算"。孩子的上层脑正在蓬勃生长，要尽量让它得到锻炼。解释原因，欢迎提问，寻求解决方案甚至是妥协谈判。不允许表现出无礼的行为，但是应该鼓励孩子提出自己的见解。如果我们期许并鼓励孩子进行更复杂的思考，我们就会更少碰上防御式的、好斗的反应。
	第4法　越用越灵光：提供大量锻炼上层脑的机会。玩"你会怎么做"的游戏，避免替孩子做复杂的决定。	玩"你会怎么做"的游戏，让孩子学习处理困境："如果一个不良少年在学校里欺负同学，而当时周围没有大人，你会怎么做？"进行反思性对话，谈论他人的感受以及自己的意图、渴望和信念，鼓励共情和自我理解。另外，让孩子面对困难的选择和处境。严肃对待这个练习，避免替他解决问题，抵挡住解救他的诱惑。
	第5法　运动改造大脑：当孩子与自己的上层脑失去联系时，帮助他通过运动身体来重获平衡。	当孩子烦恼的时候，首先要与他建立联结，然后想办法让他动起来。跟他一起骑自行车，比赛吹气球，尝试一些瑜伽姿势。直接跟他解释"运动身体，抚平情绪"的概念，趁机教导他，我们确实可以在很大程度上掌控自己的情绪。
整合记忆	第6法　思维遥控器：当孩子不愿意重述某段痛苦经历时，教他运用内心的遥控器，在重述时暂停、重放或快进，从而让他掌控重述进程。	这个年龄段的孩子可能会回避重述复杂的事情或回忆痛苦经历。帮他理解回顾发生的事情的重要性。用温柔和鼓励的语气，允许他在任何一点暂停甚至快进不愉快的细节。但要确保在某个时刻，你会倒回来叙述完整的事件，包括那些令人痛苦的部分。

续表

整合类型	全脑教养法	应用技巧（6～9岁）
整合记忆	第7法　提问和鼓励：帮孩子留下更多回忆，让他们练习回顾重要事件，在车上、餐桌旁，任何地方都可以。	汽车上、餐桌旁，你可以在任何地方跟孩子谈论他的体验，帮助他整合内隐记忆与外显记忆。在他经历了生命中的重要时刻，比如温暖的亲子时光、重要的友情、成长仪式等时，这一点尤为重要。仅仅是问问题，鼓励他回忆，你就能帮助他记住并理解过去的重要事件，从而让他更深刻地理解当下发生的一切。
整合自我	第8法　浮云原理：提醒孩子，感受像浮云一样来了还会走；它们是暂时的状态，而非长久的特质。	帮孩子留意他在说到自己的感受时所用的词汇。“我很害怕”并没错，但要让他知道还有另外一种表达方式：“我觉得害怕。”这种语句上的小小调整能够帮助他理解“感觉”和“是”之间微小但重要的差别。他可能一时感到害怕，但这种体验是暂时而非永久的。让他换个视角，预测自己5分钟、5小时、5天、5个月和5年后的感受。
	第9法　情绪调色板：帮助孩子关注内在的感觉、意象、感受和念头。	向他介绍“觉知环”。在车里或餐桌旁跟他玩“审视”游戏，要让他明白每个环节的意思。让他了解，只有关注内心发生的一切，才能控制自己的感受和行为。通过提问来引导他关注身体感觉、心理意象、感受和念头。
	第10法　第七感：通过第七感练习，孩子能够学会让自己平静下来，按自己的意愿分配注意力。	这个年龄段的孩子能够理解和体会到放松及关注内心的好处。让他们练习静思，享受内在的平静。通过视觉化和想象来引导他们的思维，让他们知道自己有能力主动关注那些能够带来幸福平和的想法及感受。告诉他们，任何时候他们想要平静下来，只需要慢下来，关注自己的呼吸。
整合自我与他人	第11法　亲子互动：在家庭中制造欢声笑语，这样孩子将与最亲近的人享有积极、满意的人际体验。	做一切你们喜欢一起做的事情，如一起吃着爆米花看电影，一起玩桌游、骑自行车、编故事、唱歌跳舞等。这些一起玩乐和犯傻的时间，会为孩子的将来建立强大的人际关系基础。有意识地制造乐趣，创造有意思的记忆。

续表

整合类型	全脑教养法	应用技巧（6～9 岁）
整合自我与他人	第 12 法　共情力：把冲突看作机会而非需要避免的障碍，利用冲突教孩子一些必需的人际技巧，比如从他人的角度看待问题、读懂非语言信息、修复关系等。	这个年龄段的孩子已经可以理解人际关系的复杂性了。明确地传授他一个技巧并进行练习。向他解释如何从他人的角度看问题。在商店或餐厅时，随意挑选一个路人，让孩子试着猜猜：他们看重什么，从哪里来。教他识别非语言信息，做出皱眉、耸肩、挑眉等动作，玩猜表情的游戏。让他知道在犯错后除了道歉还能做什么，拿眼前要解决的问题当作事例进行练习，比如写一封道歉信，或者试着修理弄坏的玩具。

高年级学龄儿童（9 ～ 12 岁）

整合类型	全脑教养法	应用技巧（9～12 岁）
整合左右脑	第 1 法　聆听与关注：当孩子难过时，首先要进行情感联结，即右脑对右脑的联结。一旦孩子能够控制情绪了，再引入左脑式的教育和规范。	首先倾听，如实地反映孩子的感受。运用非语言交流，安抚孩子。一旦他觉得自己的感受被尊重了，你就可以引导他进行计划，需要的时候也可以立规矩。清晰直接地跟他说话。他已经能够听懂并理解现在的行为与将来的后果之间存在着逻辑关系。
	第 2 法　经历分享：当孩子无法控制激烈的右脑情绪时，帮助他述说让他难过的事情，从而让左脑发挥功能，让孩子厘清自己的经历，更有掌控感。	首先承认孩子的感受。明确地表达你的想法：“你感到难过，我不会为这一点责怪你。换成是我我也会难过的。”然后让他讲述事情的经过。问问题，用心倾听。如果孩子不想跟你讨论，你可以让他写在日记里，或者让他跟信任的人说。

续表

整合类型	全脑教养法	应用技巧（9～12岁）
整合上下脑	第3法　动脑莫动气：在应激状态下，调动孩子的上层脑，而不要刺激下层脑。不要随便说“我说了算”。应该向孩子问问题，用商量代替选择甚至谈判。	对这个年龄段的孩子千万别玩“老子说了算”这一套。相反，你要调动孩子的上层脑，让它蓬勃发展：你得在亲子关系中保持权威，但在设计规则和纪律时，尽量跟孩子探讨各种选择，与他谈判。尊重他，让他多想办法，通过请他参与决定、提出解决方案，促进他高级思维能力的发展。
	第4法　越用越灵光：提供大量锻炼上层脑的机会。玩“你会怎么做”的游戏，避免替孩子做复杂的决定。	随着孩子的成长，虚拟情境会变得越来越有趣。玩“你会怎么做”的游戏，给孩子呈现各种两难情境。进行反思性对话，谈论他人的感受及自己的意图、渴望和信念，鼓励共情和自我理解。另外，让孩子面对困难的选择和处境。严肃对待这个练习，避免替他解决问题，抵挡住解救他的诱惑。
	第5法　运动改造大脑：当孩子与自己的上层脑失去联系时，帮助他通过运动身体来重获平衡。	直接告诉孩子，活动身体有助于转换情绪。当他难过的时候，让他知道休息一下、站起来活动活动会舒服一些。建议他去骑自行车或散步，也可以跟他一起做运动。即使只是伸伸懒腰也会很有帮助。
整合记忆	第6法　思维遥控器：当孩子不愿意重述某段痛苦经历时，教他运用内心的遥控器，在重述时暂停、重放或快进，从而让他掌控重述进程。	由于接近青春期，孩子可能越来越不愿意跟你诉说他的痛苦经历。向他解释内隐记忆的重要性以及由过去经验生成的联想会如何影响他。让他知道讲述自己的体验可以增强控制感。用温柔和鼓励的语气，允许他在任何一点暂停甚至快进不愉快的细节。但要确保在某个时刻，你会倒回来叙述完整的事件，包括那些令人痛苦的部分。
	第7法　提问和鼓励：帮孩子留下更多回忆，让他们练习回顾重要事件，在车上、餐桌旁，任何地方都可以。	在汽车上或者餐桌旁，利用剪贴簿或者日记，帮助孩子思考他的经历，整合内隐记忆和外显记忆。在他经历生命中的重要时刻，比如温暖的亲子时光、重要的友情、成长仪式等时，这一点尤为重要。仅仅是问问题，鼓励他回忆，你就能帮助他记住并理解过去的重要事件，从而让他更深刻地理解当下发生的一切。

续表

整合类型	全脑教养法	应用技巧（9 ～ 12 岁）
整合自我	第 8 法　浮云原理：提醒孩子，感受像浮云一样来了还会走；它们是暂时的状态，而非长久的特质。	孩子已经能够从意识层面理解这个概念了，但仍要确保在教他这些信息之前，先倾听他的感受。然后让他明白这些感受不会持久。强调“我感到悲伤”和“我很悲伤”之间细微但重要的区别，让他预测自己 5 分钟、5 小时、5 天、5 个月和 5 年之后的感受。
	第 9 法　情绪调色板：帮助孩子关注内在的感觉、意象、感受和念头。	这个年龄段的孩子中有一些已经对“审视”概念有兴趣了，他们想看看自己的内心正在发生什么。当他们进入青春期之后会体验到更多的内心混乱，了解这些范畴可以为他们提供控制生活的工具。同时，在这个年龄段，建议有规律地使用觉知环来帮助他们理解和处理各种问题。
	第 10 法　第七感：通过第七感练习，孩子能够学会让自己平静下来，按自己的意愿分配注意力。	向孩子解释放松和专注的益处。让他练习静思，享受内在的平静。通过视觉化和想象来引导他的思维，让他知道自己有能力主动关注那些能够带来幸福平和的想法及感受。向他介绍本书中的一些练习，比如想象引导和专注于呼吸，在图书馆或网络上也能找到大量的练习资源。
整合自我与他人	第 11 法　亲子互动：在家庭中制造欢声笑语，这样孩子将与最亲近的人享有积极、满意的人际体验。	大多数人都以为孩子进入青春期后，就越来越不喜欢跟父母待在一起了。在某种程度上这是对的，但如果你现在能给孩子更多充实、有趣的体验，在未来几年他就会更想跟你在一起。这个年龄段的孩子仍然喜欢犯傻和嬉闹，因此不要低估猜谜游戏或互动桌游在加强家庭关系方面的作用。
	第 12 法　共情力：把冲突看作机会而非需要避免的障碍，利用冲突教孩子一些必需的人际技巧，比如从他人的角度看待问题、读懂非语言信息、修复关系等。	自孩子学说话以来，你试图教给他的所有社交和冲突解决技巧在他进入青春期后也同样适用，比如从他人的角度看问题、识别非语言信息、分享、道歉等。继续坦率地讨论和练习这些技巧，让孩子从他人的视角来看世界。写道歉便条，让他认识到冲突要去解决而不是一味逃避，这些都有助于孩子与他人建立良好的关系。

致 谢

作为父母和咨询师，我们知道简单有效地运用知识的重要性。同时，作为训练有素的科学家，我们知道前沿发现对于科学工作的重要性。我们诚挚地感谢以下各位，有了他们的帮助，这本书才不仅有坚实的科学研究作为基础，同时还植根于日常养育的实践领域。

很幸运能与来自南加州大学和加州大学洛杉矶分校的不同院系的同事一起工作，他们对大脑和人际关系的深入研究支持并启发了我们的工作。当我们写作本书时，我的第一本书《人际关系与大脑的奥秘》正在修订，参考了 2 000 多种最新科学文献。我们要感谢这些科学家和研究者，有了他们的工作，才能确保我们介绍的知识与最新的科学发现同步。

本书原稿的出炉，得益于我们优秀的文稿代理人及友人道格·亚伯拉罕的付出，他以小说家的慧眼和编辑的妙笔，让本书历经“十月怀胎”，最终成形。我们三人像“三个火枪手”一样愉快协作，承担了将这些重要理念转化为直接、易懂和准确的日常应用科学的巨大挑战。我们迫不及待地要一起开始新的冒险了！

此外，还要感谢我们在第七感研究所、研讨会和家长小组中的同事和学生，他们为“儿童思维拓展”理念提供了许多宝贵意见。许多人阅读了本书的手稿，并给予了宝贵的评价，这是对本书的实践检验。劳拉·哈勃、珍妮·洛伦特、丽莎·罗森伯格、艾伦·梅恩、杰·布瑞森、萨拉·司米伦、杰夫·纽厄尔、吉娜·格里斯沃尔德、塞莱斯特·诺伊霍夫和安德烈·范·罗延为文字、插图和封面提供了中肯的建议。我们也特别感谢黛博拉、加林·布克沃特、詹妮弗、克里斯·威廉斯、莉兹、史蒂夫·奥尔森、琳达·巴罗、罗伯特·科莱格罗夫和戈登·沃克的支持。

我们对贝丝·拉什鲍姆和马尔妮·科克伦两位编辑充满感激，二位的奉献、智识及耐心指导我们走过每一个阶段。我们很庆幸能拥有这两位深爱书籍与孩子的编辑。我们还要特别感谢插画家梅丽李·莉迪亚德，很高兴与她合作，她的天赋、极具创意的眼力和为人母的经验，为读者提供了一次思维拓展体验。

对于听过我们授课或我们有幸与之合作过的父母及老师，我们深深地感谢你们对“儿童思维拓展”理念的热情。你们对思维拓展法的实际运用，自始至终鼓舞着我们。特别感谢本书故事中的父母，谢谢你们的分享。虽然书中修改了你们的名字和故事的细节，但是我们一直记得并感谢你们。还有，观看少年棒球联盟的观众和为隔壁的 4 岁小朋友莉莉庆生的朋友，感谢你们为本书的书名进行讨论和表决。本书的众多实用理念最终化为清晰、简明的书名，毋庸置疑是你们集体智慧的结晶。

我们从各自的家庭出发，帮助孩子创建灵活的大脑和相互理解的人际关系。我们不仅深深感谢自己的父母，更感谢我们的另一半，卡洛琳和斯科特，你们的智慧和意见融于本书的每一页。你们不仅是最好的朋友，也是最好的合作者。

最后，要感谢我们的孩子——我们最好的老师。他们的爱以难以言喻的方式鼓舞着我们。我们从心底感激此生有机会成为他们的父母。正是他们在成长过程中进行的各种探索，推动着我们与读者分享“整合”的理念。因此，我们满怀爱意地将这本书献给我们的孩子，也希望这本书能让你和你的孩子一起走上通往整合、健康和幸福的旅程。

译者后记

《全脑教养法》的翻译工作是我在怀孕期间完成的。在本书临近出版之时，我已完成了人生的重大转变，初尝为人父母的快乐与艰辛，并时刻准备着实践从本书学来的“妙招”。

正如本书作者反复强调的，《全脑教养法》力图用最通俗易懂的语言，将超“靠谱”的脑科学研究成果，转化为超具操作性的育儿指南。不同于市面上一些号称“开发右脑”、提升智力、让孩子‘赢在起跑线”的读物，本书提出的“全脑”概念，旨在促进孩子情感、心理的完善与健康，培养孩子为自己终身的幸福负责的能力。

作者认为，一个“全脑儿童”，即大脑整合的孩子应该能够左脑和右脑协同工作，与自己的逻辑自我和情感自我相联结；在代表本能的“下层脑”与代表思辨的“上层脑”之间建立联结，发展出决策能力、洞察力、同情心和道德感；能够理解自己的过去，以一种温柔、清醒、有意识的方式表达和处理来自过去的痛苦；具有觉察并反思自己心理状态的能力，能够自主决定如何感受和面对外在世界，在保持独立自我的同时也能与他人建立联结。如何达到这个目标？本书为 0 ～ 12 岁儿童的父母提供了层层递进的具体建议，而且它们确实简单易行、毫无压力。希望我们的翻译能够比较完整地传达这种轻松的育儿态度，让中国的父母也能从最权威的脑科学研究成果中受益。

在翻译过程中，看到作者勾勒的理想养育场景，我不由得数次想起自己成长过程中的种种遗憾，羡慕书中的“全脑儿童”，本书另一位译者李硕也有类似的感受。那时我常常问自己，是否具备足够的能力去培养一个健康、快乐的孩子？我想也会有读者发出同样的感慨。关于这一点，作者专门在书中安排了“整合我们自己”这部分内容，提醒父母不要忘记自我成长。育儿即育己，一个左右脑孤立运作、上层脑未充分发展、仍然背负大量来自过去的负担、对自己的状态缺乏觉察与掌控、不能与他人联结的成人，无法养育出一个“全脑”儿童。我相信，要成为一名合格的母亲，我首先必须成为“我”。在整个孕期，我利用业余时间，在心理学知识的帮助下进行对自我的认识与探索，梳理自己的成长经历，增进对自己的觉察和理解。本书中关于父母自我成长的内容，鼓励我按自己的方式进行着为人母的准备。这部分内容虽然精简，但提供了一个视角、一个起点，有心的父母若能从此出发，开始自我探索与成长，对自己、对孩子都是一件幸事！

李硕翻译了本书的第 1 章至第 3 章，我翻译了第 4 章至第 6 章以及引言、结语等其他部分。若有任何意见和建议，欢迎反馈，以帮助我们取得更大进步。

感谢我的先生龙郁在翻译过程中以及一直以来给予我的完全的理解和支持，感谢我的公婆在此期间对我生活上无微不至的照料。

我与李硕一起，感谢我们共同的朋友黄一川、于海成、陶婧在翻译过程中为我们提供的至关重要的帮助，感谢李硕的室友许步天对她的支持，感谢湛庐的编辑为本书出版所做的努力。

最后，还要感谢我们自己的父母，他们虽未曾获得科学的育儿指导，仍然竭尽所能，成就了今天虽不完美、但在不断努力成长、追求卓越的我们。他们虽不完美，却是最可爱、最可敬的父母。

周玥

未来，属于终身学习者

我们正在亲历前所未有的变革——互联网改变了信息传递的方式，指数级技术快速发展并颠覆商业世界，人工智能正在侵占越来越多的人类领地。

面对这些变化，我们需要问自己：未来需要什么样的人才？

答案是，成为终身学习者。终身学习意味着具备全面的知识结构、强大的逻辑思考能力和敏锐的感知力。这是一套能够在不断变化中随时重建、更新认知体系的能力。阅读无疑是帮助我们整合这些能力的最佳途径。

在充满不确定性的时代，答案并不总是简单地出现在书本之中。“读万卷书”不仅要亲自阅读、广泛阅读，也需要我们深入探索好书的内部世界，让知识不再局限于书本之中。

湛庐阅读 App：与最聪明的人共同进化

我们现在推出全新的湛庐阅读 App，它将成为您在书本之外，践行终身学习的场所。

- 不用考虑“读什么”。这里汇集了湛庐所有纸质书、电子书、有声书和各种阅读服务。
- 可以学习“怎么读”。我们提供包括课程、精读班和讲书在内的全方位阅读解决方案。
- 谁来领读？您能最先了解到作者、译者、专家等大咖的前沿洞见，他们是高质量思想的源泉。
- 与谁共读？您将加入优秀的读者和终身学习者的行列，他们对阅读和学习具有持久的热情和源源不断的动力。

在湛庐阅读App首页，编辑为您精选了经典书目和优质音视频内容，每天早、中、晚更新，满足您不间断的阅读需求。

【特别专题】【主题书单】【人物特写】等原创专栏，提供专业、深度的解读和选书参考，回应社会议题，是您了解湛庐近千位重要作者思想的独家渠道。

在每本图书的详情页，您将通过深度导读栏目【专家视点】【深度访谈】和【书评】读懂、读透一本好书。

通过这个不设限的学习平台，您在任何时间、任何地点都能获得有价值的思想，并通过阅读实现终身学习。我们邀您共建一个与最聪明的人共同进化的社区，使其成为先进思想交汇的聚集地，这正是我们的使命和价值所在。

THE WHOLE-BRAIN CHILD: 12 REVOLUTIONARY STRATEGIES TO NUTURE YOUR CHILD'S DEVELOPING MIND by DANIEL J. SIEGEL, M.D., AND TINA PAYNE BRYSON, PH.D.

浙江省版权局图字：11-2023-289

图书在版编目（CIP）数据

全脑教养法 /（美）丹尼尔·西格尔，（美）蒂娜·佩恩·布赖森著；周玥，李硕译. — 杭州：浙江科学技术出版社，2023.10（2024.10重印）

ISBN 978-7-5739-0884-1

Ⅰ. ①全… Ⅱ. ①丹… ②蒂… ③周… ④李… Ⅲ. ①儿童—思维训练 Ⅳ. ① B80

中国国家版本馆 CIP 数据核字（2023）第 178421 号

书　　名　**全脑教养法**
著　　者　[美] 丹尼尔·西格尔　[美] 蒂娜·佩恩·布赖森
译　　者　周　玥　李　硕

出版发行　**浙江科学技术出版社**
地址：杭州市环城北路177号　邮政编码：310006
办公室电话：0571-85176593
销售部电话：0571-85062597
E-mail:zkpress@zkpress.com
印　　刷　唐山富达印务有限公司

开　本	710 mm×965 mm　1/16	**印　张**	14.75
字　数	173 千字	**插　页**	2
版　次	2023 年 10 月第 1 版	**印　次**	2024 年 10 月第 3 次印刷
书　号	ISBN 978-7-5739-0884-1	**定　价**	89.90 元

责任编辑　陈淑阳　　**责任美编**　金　晖
责任校对　张　宁　　**责任印务**　田　文